ESSAI HISTORIQUE

SUR LA

COLLÉGIALE DE SAINT-PIERRE

Ancienne Collégiale de St Pierre de Lille

L. Lefort à Lille

ESSAI HISTORIQUE

SUR LA

COLLÉGIALE DE SAINT-PIERRE

A LILLE.

par Mme Chanden

LILLE

L. LEFORT, LIBRAIRE,

IMPRIMEUR DE SON EM. LE CARDINAL ARCHEVÊQUE DE CAMBRAI.

1850

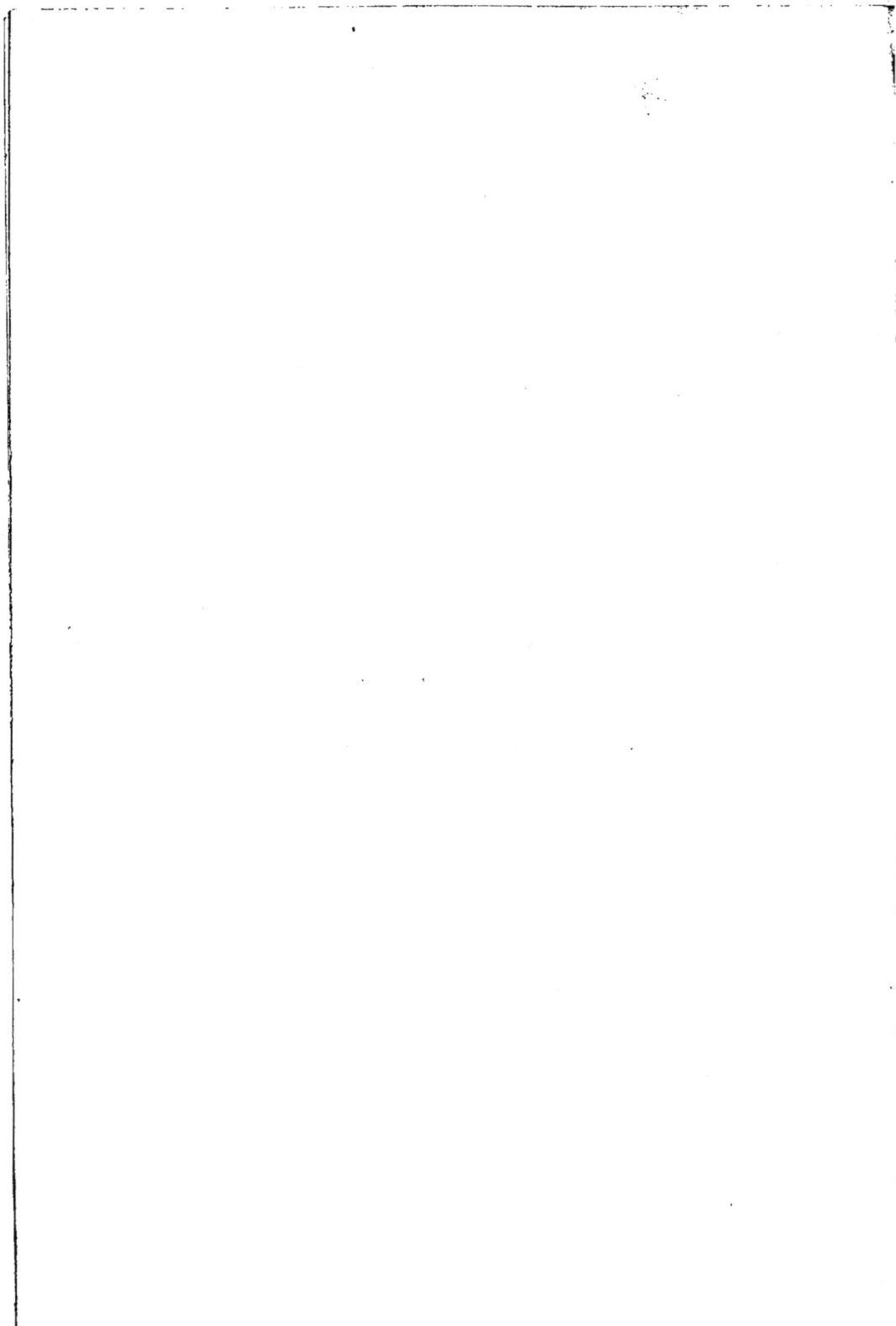

A S. E. le Cardinal Pierre Giraud,
Archevêque de Cambrai.

LES dernières pages du livre que je viens déposer aujourd'hui aux pieds de Votre Eminence, furent écrites au moment où, revenant de la cité de l'exil, de cette ville de Gaëte, désormais célèbre, vous rapportiez à votre Flandre fidèle le parfum des évangéliques vertus de Pie IX. Je me demandais sous quel nom protecteur s'abriterait ce livre, imparfait tableau du passé, humble épitaphe inscrite sur un tombeau glorieux, et alors le nom de Votre Eminence m'est apparu. Ce nom, plein de souvenirs apostoliques, ce nom si cher de Pierre, qui nous retrace en la personne de notre premier Pasteur, d'un des Princes de l'Eglise, toute une vie de fidélité au Saint-Siége et de dévouement à notre auguste Religion, ce nom vénéré, inscrit au frontispice de ce petit livre, pourrait seul lui donner quelque valeur aux yeux du lecteur catholique et couvrir, par son éclat, les fautes, l'imperfection de cet écrit.

Daigne Votre Eminence ne pas rejeter cet hommage; Elle qui est accoutumée à protéger ce qui est faible, et à accorder sa bienveillance à la *bonne volonté!*

18 mai 1849.

LORSQUE le voyageur qui traverse la Flandre française
cherche au loin la souveraine de ces champs féconds,
Lille, la clef de la France, Lille, l'objet de la convoitise
de tant de princes, Lille, qui vit se briser au pied de
ses remparts tant d'armées menaçantes, Lille, sur qui
la patrie se repose comme sur une sentinelle aux yeux
vigilants, à la forte armure, il s'attend à voir jaillir de
l'horizon une de ces villes flamandes, aux clochers den-
telés, au beffroi hardi et sombre, et il s'étonne en ne
découvrant au-dessus de ces bastions qu'une main savante
a dessinés, que quelques tronçons de tours, dominant à

peine les hautes cheminées, d'où s'élance chaque jour une laborieuse vapeur.

Est-ce bien là la ville célèbre, la forte *commune* du moyen-âge, peuplée de ces bourgeois, de ces artisans, si jaloux de leurs privilèges? Mais où est le symbole de la liberté, la tour communale, dépositaire de la cloche d'alarme, signal de trouble et de guerre, et des précieuses archives, où la signature du prince liait sa foi à des sujets ombrageux?

Est-ce bien là la ville catholique, pure de toute hérésie, toujours attachée au rocher de Pierre, alors que les flots en fureur s'élevaient contre lui? Mais où est donc le clocher de la noble collégiale, où sont les flèches de ses nombreuses églises, qui toutes portaient jusque dans les nues la croix du Sauveur?

Tout a disparu.

Lille, cité guerrière, porte au front la cicatrice de ses combats : les boulets espagnols, hollandais, autrichiens, ont gravé leurs profondes empreintes sur ces monuments que les âges avaient respectés; elle a fait, joyeuse, le sacrifice de sa beauté à la patrie, elle lui a immolé sans regret ces marbres, ces bronzes, que le souvenir du passé rendait si précieux ; mais elle ne peut songer sans amertume que la main de ses enfants contribua, en des jours d'erreur, à la dépouiller de ses plus saints ornements. Elle ne regrette pas ces reliques du passé, écrasées sous les bombes, incendiées par les obus, saccagées par les ennemis de la France ; mais elle pleure ces murs sacrés, six fois séculaires, qu'un marteau lillois a renversés dans la poussière ; et déjà dépouillée de ses splendeurs antiques, elle pouvait dire à celui qui, le premier, leva le marteau sur les marbres vénérés de Saint-Pierre :

« Et toi aussi, mon fils ! toi aussi, tu veux compléter l'œuvre de destruction que les ennemis de la patrie n'ont pu accomplir ! »

Elle se pare avec orgueil de ses cicatrices guerrières, mais elle cache les tristes blessures reçues dans nos luttes civiles.

Nous voudrions, dans ce petit livre, évoquer un monument qui n'est plus, le faire revivre avec son histoire et son caractère, rappeler les titres qui le recommandent aux regrets pieux du chrétien, aux savantes recherches de l'antiquaire, faire régner de plus en plus l'amour et le respect de ces *maisons de prières*, bâties pour favoriser les relations de la terre et du ciel, et qui, si elles n'étaient d'inspiration divine, seraient à coup sûr étonnantes parmi les créations humaines. Nous désirerions que cet écrit imparfait pût au moins réunir à la simplicité de l'histoire le parfum de la piété..... Puisse le Seigneur lui imprimer ces deux caractères, qui sont aussi les siens : — la vérité et l'amour !

ESSAI HISTORIQUE

SUR LA

COLLÉGIALE DE SAINT-PIERRE.

CHAPITRE PREMIER

Fondation.

LILLE sortait à peine des marais et des roseaux qui lui ont donné leur nom [1] ; se dégageant des fables poétiques qui ont environné son berceau, elle commençait à peine à marquer sa place dans l'histoire et à occuper un rang parmi les cités des hommes, que déjà la religion avait pris possession de ce sol nouvellement conquis sur les tourbières et les forêts, que déjà la croix s'élevait, étendard de civilisation, au-dessus des humbles demeures de la ville naissante.

Bauduin *de Lille*, comte de Flandre, cinquième du

[1] Le nom flamand de Lille *(Rissel)* veut dire roseaux.

2

nom, avait entouré de murailles l'étroite enceinte de cette ville, sa création chérie; il y avait élevé un château [1] lieu habituel de sa résidence, lorsqu'il se résolut à fonder, non loin de sa propre demeure, une église en l'honneur du prince des Apôtres et un collège de quarante chanoines, destinés à chanter les louanges du Seigneur. Il fut soutenu dans cette pieuse pensée par les conseils de sa femme, Alize ou Adèle, fille de ce Robert-le-fort, à qui la France a dû tant de saintes fondations, de nobles cathédrales, tant de studieuses retraites, asiles sacrés de la piété et des lettres pendant les guerres du moyen-âge.

L'édifice s'éleva, au cœur de la ville, dans l'enceinte du *Castrum*, que le comte venait d'enclore de murailles et de fortifier par des tours; il était borné au nord par la Deûle; il regardait au sud-est la petite éminence sur laquelle, d'après une antique tradition, était bâti le château du Buc, fondé par César et habité par les forestiers de Flandre; il avait à l'est le palais de la Salle, manoir et forteresse de Bauduin, et à l'ouest les remparts et la porte qui depuis ont pris le nom de Saint-Pierre, et qui s'appelait alors la porte des *Rues*. Le sol, sur lequel grandissait la nouvelle église, avait porté autrefois un temple consacré aux idoles, et la Victime sans tache allait bientôt s'immoler aux lieux où les barbares déités des Gaules, où les divinités impures de Rome et de la Grèce avaient tour-à-tour reçu de sanglantes oblations [2].

---

[1] Le palais de la Salle, bâti par Bauduin, s'étendait sur le terrain compris de nos jours entre l'hôpital Comtesse et la rue du Palais de Justice. En creusant en 1833 les fondations de ce dernier édifice, on fit jaillir des sources comblées au XI.ᵉ siècle et près desquelles les Romains avaient construit des thermes. (*V.ᵒʳ Derode*, p. 189).

[2] Voir, pour les fouilles pratiquées sur l'ancien terrain de St.-Pierre, la *Revue du Nord*, 3.ᵉ année, N.ᵒˢ iv et v.

La collégiale, commencée l'an 1047, fut inaugurée au mois d'août 1066, au milieu de toutes les pompes de la religion, de tout l'éclat d'une cour féodale et guerrière. Le jeune roi de France, Philippe 1.er, pupille de Bauduin v, assistait à cette cérémonie. Les évêques d'Amiens, de Noyon et de Térouane consacrèrent le nouveau temple; ils étaient entourés de chevaliers célèbres, de prêtres élevés en dignité; tous s'associèrent à la bénédiction de cet édifice qui devait voir à genoux sous ses voûtes tant de puissants princes, tant d'illustres guerriers, tant de sages et saints prélats, qui abriterait la prière de saint Louis, servirait d'asile à Thomas de Cantorbéry, entendrait les vœux du *grand duc d'Occident*, et recevrait les serments solennels de Louis xiv, superbe et triomphant.

Pour associer l'église du ciel à celle de la terre, et les saints aux fidèles, les monastères des environs envoyèrent à la Collégiale leurs plus précieuses reliques, et cette fête splendide attira à Lille une foule si nombreuse, qu'on fut obligé de dresser des tentes, afin de loger les hôtes qu'une pieuse curiosité avait amenés. (NOTE *A*).

Nous donnons la traduction française de l'acte d'inauguration; l'original repose aux archives du département, et Roisin nous offre la traduction contemporaine, en langue romane, de ce précieux document.

COPIE DE LA CHARTE DE FONDATION

DU CHAPITRE DE SAINT-PIERRE, A LILLE.

« Au nom de la sainte et indivisible Trinité, d'un seul et
» vrai Dieu. Puisque moi, Bauduin, comte de Flandre, marquis,
» procureur et bailli de Philippe, roi des Français et de son

» royaume, je savois, d'après le témoignage des livres divins,
» que le véritable héritage est dans le ciel, destiné à ceux qui
» se portent de bonne volonté aux œuvres de piété, je me suis
» appliqué à considérer en moi-même qu'avec la pratique des
» préceptes divins, rien n'étoit plus profitable à un serviteur
» de Dieu, tant pour le salut de son âme, que pour la santé
» de son corps, que d'ériger des églises en l'honneur de Dieu
» et de ses saints là où on peut le faire, conformément à la
» raison et aux lois; c'est pourquoi considérant souvent, avec
» les yeux du cœur, ces paroles de l'Ecriture, qui annoncent
» que *l'on exigera beaucoup de celui à qui l'on aura donné*
» *beaucoup;* et celles-ci : *que celui qui bâtit la maison de Dieu*
» *sur la terre, prépare sa propre demeure dans le ciel;* et de
» plus, acquiesçant aux sages et salutaires avis de mon épouse
» Adèle et de mon fils Bauduin, et faisant construire dès ses
» fondements un temple en l'honneur de saint Pierre, prince
» des Apôtres, j'ai établi un collège de chanoines chargés d'y
» prier instamment, pendant le jour et la nuit, la divine clé-
» mence pour le salut de mon âme, de celles de mes prédé-
» cesseurs, de mon épouse, de mes enfants et de tous les fidèles
» chrétiens, et je leur ai donné, pour leurs usages nécessaires,
» une portion de mes domaines détaillée ci-après, laquelle sera
» libre entièrement, et exempte de toute domination et de toute
» puissance quelconque, excepté seulement de celui que le pré-
» vôt et les chanoines de cette dite église, fondée dans le lieu
» nommé par mes ancêtres *Illa*, auront choisi d'un commun
» accord, lequel, lui-même, ne gouvernera leurs biens et leurs
» affaires temporelles qu'autant qu'il leur sera agréable, et non
» au-delà.

» Sur le territoire de Lille, au village nommé Lomme, je
» leur donne huit manses de terre; au village de Frelinghien,
» trois manses et six bonniers; à Vaschemi, trois manses et quatre
» bonniers; à Lesquin, trois manses et quatre bonniers; à Es-
» quermes, deux manses et sept bonniers; à Ennetières, proche
» Piètre, une manse; à Marcq, seize bonniers et trois quar-
» tiers; proche la rivière de Marcq, sept manses, huit bonniers

» et trois quartiers ; à Fourmestraux, quatorze bonniers ; à Deû-
» lemont, quinze manses ; au lieu nommé Fins, deux manses
» et dix bonniers ; à Marlère, une manse ; à Halluin, quatre
» manses et six bonniers ; à Flers, une manse ; à Fins, le patro-
» nage et les droits de l'autel dédié en l'honneur de saint Mau-
» rice, accordés par Bauduin, évêque de Tournai et de Noyon,
» à cette condition cependant que lorsque la seconde des deux
» personnes qui y seront placées par le choix des chanoines
» viendra à décéder, et non avant, il sera payé à cet évêque,
» ou à ses successeurs, pour pareil remplacement de deux per-
» sonnes, la somme de dix sels ; ce qui aura toujours lieu par
» la suite. A Wazemmes, tous les droits de l'église dudit lieu ;
» item à Annappes, les droits de l'église ; à Bacede, une dîme ;
» dans le faubourg de Lille, un courtil (jardin) à chaque cha-
» noine ; dans Lille, tout le terrain nécessaire proche des sacris-
» ties de l'église et des maisons de clercs, commençant à la rue
» venant de la porte du Nord jusqu'au bout du cimetière du
» côté du midi, et du côté d'Orient au mur, le long de l'eau,
» s'étendant par un circuit jusqu'à la susdite porte. Sur le ter-
» ritoire de Courtrai, à Mouscron, cinq manses ; à Godelingchem,
» les droits de l'église et une manse de terre ; à Iseughem, six
» manses et six bonniers ; sur le territoire de Saint-Omer, à
» Flenec, une dîme ; sur le territoire de Furnes, au lieu nommé
» Eluerzenges, une dîme ; à Flambertengues, pareillement une
» dîme ; sur le territoire d'Ypres, au village de Kembles, cinq
» manses de terre ; au village de Marca, cinq manses et trois
» quartiers d'un bonnier ; sur le territoire de Bruges, au village
» de Rosleirs ¹, la moitié des droits de l'église et deux parties
» des dîmes de mes cultures ; en la paroisse du village nommé
» Esnes, au canton des troupeaux nommé Bircla, trois berge-
» ries et le tiers d'une quatrème, et en outre, vingt brebis
» avec les pâturages compétents ; sur la monnoie de Lille, aux
» semainiers qui célèbrent chaque jour la messe pour les morts,
» quatorze deniers, savoir huit au prêtre, quatre au diacre et
» deux au sous-diacre ; et au chantre vingt sols de la même

¹ Probablement *Roulers* ou en flamand *Rousselaere.*

» monnoie, dont moitié à la dédicace de cette église, et l'autre
» à la Purification de la vierge Marie. Dans le lieu susnommé,
» savoir : à Bircla, deux parts d'une bergerie; item les droits
» de l'église de Verlinghem, après le décès de Rainier.

» De plus, je dispose en faveur du prévôt dudit lieu, de tout
» ce qui suit; savoir : à Huvese, quatre manses; à Incesheke,
» deux manses; à Baserol, Sars et Croix, trois manses; sur le
» territoire d'Ypres, à Widegas, cinq manses; dans le royaume
» de Lothaire, proche Aix-la-Chapelle, dans un lieu nommé Vols,
» sept manses; dans un village déjà nommé, savoir : Mouscron,
» deux manses pour la dot de l'église; en la paroisse d'Al-
» trenchehem, une bergerie; sur le marché de Lille, le patro-
» nage et les droits de l'autel de Saint-Etienne; dans le faubourg,
» un courtil et un moulin avec son courtil. De plus, mon épouse
» désirant participer avec moi à ces dons, ainsi qu'aux récom-
» penses du Seigneur, et se représentant ces paroles divines :
» *J'ai été étranger, et vous m'avez reçu; j'ai eu faim, et vous*
» *m'avez donné à manger*, a fait don à cette église, pour le gîte
» et la nourriture des pauvres, d'un village dans le pays d'Artois
» nommé Eslues (Arleux): à la charge cependant qu'à la dédi-
» cace de cette église, les chanoines en retireront, pour eux,
» quarante sols par chaque année; elle a donné aussi au tréso-
» rier tous les droits de l'autel de Deûlemont, à la charge d'en
» rendre aux chanoines, au jour solennel des apôtres saint
» Pierre et saint Paul, douze sols chaque année, parce que ce
» même jour ils célébreront l'anniversaire de son père, Robert,
» roi des Français, et de distribuer aux pauvres un muid de
» bled méteil en pains et deux pesées de fromage; et que de là,
» à toujours, l'autel de Saint-Pierre, au chevet de l'église, ait
» sans cesse une lumière ardente pendant la nuit.

» Or, si quelqu'un vouloit agir ou parler au contraire de tout
» ce que dessus, qu'il paie cent livres d'or, qu'il encoure le
» ban du roi, et que tout ce qu'il aura tenté de faire soit annulé
» de plein droit.

» Fait à Lille, en la Basilique de Saint-Pierre, en présence

» de Philippe, roi des Français, la septième année de son règne,
» l'an de l'Incarnation du Seigneur mil soixante-six, indiction
» quatre, présents un grand nombre de témoins nobles et idoines,
» tant clercs que laïques; et afin que cette fondation demeure
» ferme et indissoluble à toujours, ce même roi, à ma demande,
» l'a signée de sa main et l'a confirmée par l'apposition de son
» sceau. Seing du jeune comte Bauduin; S. d'Isaac de Valen-
» ciennes; S. de Bauduin, évêque de Noyon; S. de Gui, évêque
» d'Amiens; S. de Druon, évêque de Térouane; S. de Foucard,
» archidiacre de Noyon; S. de Warnere, archidiacre de Té-
» rouane; S. de Warmunde, archidiacre de Cambrai; S. de
» Clarborde, échanson; S. de Thiery, maître-d'hôtel; S. de
» Rengot de Gand; S. d'Anselme le Chauve; S. de Robert,
» avoué; S. de Jean, avoué; S. de Gautier de Douai; S. de Hugues
» son frère; S. de Raoul de Tournai; S. de Widerie de Tournai.
» Soussigné par moi Bauduin, chancelier. ✳ »

Nous avons donné en entier cet acte qui respire la vive
piété, la généreuse magnificence des anciens jours; nous
espérons que nos lecteurs n'auront pas lu sans plaisir ce
beau monument d'un siècle réputé barbare.

La fondation de Bauduin se composait de quarante chanoines, parmi lesquels dix prêtres, dix diacres, dix sous-
diacres, dix acolytes, ayant pour chef un prévôt qui
nommait aux canonicats pendant quatre mois de l'année,
mars, juin, septembre et décembre; les prébendes en
vacations, pendant le reste de l'année, étaient à la nomination du souverain pontife. La Collégiale de Saint-Pierre,
comme paroisse, était gouvernée par un curé-doyen, qui
occupait également sa place au chapitre. Une bulle d'A-
lexandre II approuva cette fondation, et le souverain pontife, Grégoire VII, la ratifia de nouveau en l'an 1074. (B.)
On le comprend: dès ce moment la destinée de la
ville était assurée, tout son avenir était en germe dans

cette fondation à la fois pieuse et civilisatrice. L'église, par un aimant mystérieux, allait réunir autour d'elle les habitants disséminés de ces îles et de ces forêts; elle les abriterait sous ses lois protectrices, elle polirait leurs mœurs par l'autorité de ses enseignements, elle réunirait en un même corps, sous une même règle, tant de fractions éparses; elle ouvrirait son territoire privilégié à ces hommes vivant de la pêche, de la chasse, ou du rude travail de la glèbe, et leur créerait des intérêts et une patrie; l'industrie allait naître de la variété des besoins, le commerce allait succéder aux imparfaits échanges, et bientôt, le *castrum* devenu *commune*, arborerait ses étendards à côté du pennon des maisons souveraines. Bauduin v fonda la ville, bien moins en bâtissant des murailles et des tours, des maisons et des palais, qu'en lui donnant ce centre précieux et vivifiant, qui répandait autour de lui des lois tutélaires, de charitables largesses, des enseignements chrétiens et de pieuses consolations, comme le cœur communique à tous les membres le mouvement, la chaleur et la vie.

Bauduin v survécut peu à cette fondation qui lui était chère : il mourut l'an du Christ 1067, et fut enseveli au milieu du chœur de Saint-Pierre. Nous citerons plus loin l'épitaphe qui indiquait le lieu de sa sépulture. Il était juste que les cendres du prince révéré, qui avait donné à Lille une enceinte et des lois, reposassent au sein même de la ville qui lui devait l'existence : six siècles les respectèrent, les sanglantes émeutes du moyen-âge passèrent à côté d'elles sans en troubler le repos; les invasions ennemies s'arrêtèrent devant ce cercueil : la profanation de ce tombeau, si longtemps l'objet d'un filial amour, était réservée aux derniers jours d'un âge impie, aux premières fureurs d'une révolution anti-chrétienne[1]. Maintenant, en quel lieu ces vieux ossements ont-ils trouvé la paix? Nul ne le sait.... peut-être furent-ils, poussière aride, abandonnés aux vents, peut-être sont-ils enfouis dans les bases des nouveaux monuments qui ont succédé à l'antique Collégiale... nul ne le sait!

Les successeurs de Bauduin continuèrent à sa fondation une protection spéciale ; elle fut enrichie de dons nombreux, de privilèges particuliers; son sanctuaire était un lieu d'asile; son autel restait seul debout et consacré par les saints mystères, au milieu même d'un interdit général (bulle du pape Célestin III, an 1196); elle exerçait le droit de justice sur toutes les terres de son apanage, *et nul juge ne pouvait exercer juridiction sur celle de Saint-Pierre* [2]. Ses droits étaient sacrés, et au lit de mort, Bauduin à la hache, le rigoureux justicier, s'accusa d'avoir grièvement péché, en enlevant à la Collégiale de Saint-Pierre la terre de Vals, proche d'Aix-la-Chapelle, donnée par son prédécesseur. Charles-le-Bon, successeur de Bauduin VII, ratifia les lettres par lesquelles ce dernier exprimait son repentir [3].

Libre, puissante et forte, la Collégiale pouvait mieux que nul autre lieu de la chrétienté présenter un noble asile à un généreux exilé; et lorsque le chancelier d'Angleterre, l'ami disgracié de Henri II, le prêtre qui joignait à l'humilité la plus profonde l'invincible fermeté de l'évêque et du citoyen, lorsque Thomas Becket, archevêque de Cantorbéry, ressentit les premières atteintes de cette

[1] Adèle de France, après la mort de son mari, se fit religieuse en l'abbaye de Messines, fondée par ses largesses.

[2] Ce privilège fut confirmé par lettres du roi, an 1359.

[3] Archives départementales.

persécution, qui, débutant par l'exil, devait se clore par
le martyre, ce fut le chapitre de Saint-Pierre qui lui
offrit une digne hospitalité [1] (an 1164). Il devint l'hôte
de la Collégiale et logea dans une maison qui lui appartenait.

En vain les lettres menaçantes du fier Henri II invi-
taient le comte de Flandre et ses hauts barons à se saisir
de Thomas, *traître au roi d'Angleterre, et fugitif à
mauvais dessein* [2], la Flandre fut fidèle à la vertu; le
chapitre de Lille couvrit de son inviolable égide l'homme
apostolique, qui souffrait pour la justice et la vérité, et il
put dire ce que dit plus tard, dans la même querelle, le roi
de France, Louis VII, « que c'était un de ses plus beaux
fleurons de protéger les opprimés contre leurs oppresseurs. »
Thomas ne quitta Lille que pour se retirer, d'après les
avis du souverain pontife, en l'abbaye de Pontigny;
mais l'église où il avait prié, la cité qui lui servit
d'asile, gardèrent long-temps le souvenir de leur hôte et
révérèrent sur les autels celui qu'autrefois elles avaient
abrité dans leur enceinte, souffrant et fugitif [3].

Avant cette époque, Lille avait déjà reçu la visite de
l'illustre saint Bernard, de cet homme admirable qui réunit
le génie à la sainteté, la plus chevaleresque ardeur au
renoncement le plus humble; et tous les écrivains pieux
ont attribué au charme entraînant de sa parole, le filial

---

[1] En quittant l'Angleterre, saint Thomas de Cantorbéry navigua vers le
port de Gravelines. Il se rendit à pied et en mauvais équipage au monastère
de Saint-Bertin, dans la ville de Saint-Omer, et de là probablement il vint
à Lille. (Voir *Histoire de la conquête de l'Angleterre par les Normands*,
par Aug. Thierry. Livre IX).

[2] Expressions des lettres royales.

[3] L'autel de St.-Thomas de Cantorbéry se trouvait placé derrière le chœur,
à droite de la Chapelle des *premières Messes*.

amour que Lille a voué à Marie et dont la Collégiale a
vu les nombreux et touchants témoignages. Nous en par
lerons plus amplement en traitant de la dévotion à N.-D.
de la Treille.

La Flandre avait vécu, prospère et florissante, sous
le gouvernement de ses comtes, et, dernière descendante
de cette maison célèbre, Jeanne de Constantinople régnait
avec son époux, Ferrand de Portugal. On connaît l'op-
position que fit ce dernier au roi Philippe-Auguste, son
suzerain, l'étroite alliance qu'il conclut avec Jean-sans-
terre et Othon, mortels ennemis de Philippe, et la vengeance qu'en tira le monarque irrité. La Flandre tout
entière fut foulée sous les pieds de ce puissant ennemi,
mais Lille porta surtout le poids de sa fureur. Livrée aux
flammes par les troupes françaises, elle vit périr ses habitants, captifs dans l'enceinte de leur ville embrasée ;
ses maisons, ses monuments furent détruits ou par le
feu, ou par le choc des machines de guerre. La Collégiale
subit le sort commun, et bientôt il ne resta de Lille que
des ruines fumantes encore sur un sol calciné, sombre
désert dont les anciens habitants étaient ou morts, ou
bannis, ou, suivant l'énergique expression de Guillaume-
le-Breton, *marqués du fer brûlant de la servitude* (1213).

CHAPITRE II

Saint-Pierre depuis sa reconstruction jusqu'au règne de
Philippe-le-Bon.

UNE femme, malheureuse, orpheline, presque veuve,
était le débile instrument dont le ciel voulait se servir
pour réparer tant de malheurs. Jeanne de Constantinople, cette princesse, que le roman et le drame
ont tant de fois calomniée, mais que l'histoire justifie
avec un si lumineux éclat, sut, à force de prudence et de
soins, rendre à Lille sa richesse et sa splendeur. La
ville se rebàtit et se repeupla, elle s'enrichit de fondations
pieuses; la Collégiale releva ses murs écroulés et rouvrit
son sanctuaire et ses écoles ; les dons des particuliers
contribuèrent sans doute à cette restauration, et c'est probablement à cette époque que l'on doit rapporter la petite
charte, citée en note [1].

[1] Gossuin, par la grâce de Dieu, évêque de Tournay, à tous présents et
à venir qui liront ces présentes lettres. Nous avons vu les lettres de noble
homme Michel, connétable de Flandre [*], dont la teneur suit : « Michel,

[*] Michel de Haerne, connétable, célèbre dans les guerres du temps.

Reprenant avec la paix ses coutumes généreuses et libé-
rales, la Collégiale offrit à Jeanne de Constantinople trois
cents marcs, pour aider à la rançon de son mari, prisonnier au Louvre; elle protégea la fondation des Dominicains et y contribua de ses deniers, leur cédant plusieurs
lots de terre, affranchis de tous droits (1221)[1]. Cependant,
il faut des siècles pour réparer le désastre d'un jour, et
ce ne fut que deux cents ans après, sous le règne de
Philippe-le-Bon, que la nef principale de l'église fut en
entier rebâtie. Vers la même époque, un autre saint consacra par ses prières le temple à peine relevé. Saint Louis,
le jeune suzerain de la Flandre, la visita, et invoqua
la Vierge de Lille dans la chapelle qui lui était dédiée.

Vers l'an 1254, les miracles *journaliers*, *nombreux*,
éclatants, que la puissance de Dieu opérait au pied de
l'image de Notre-Dame de la Treille, attirèrent à la Collégiale un nouveau concours de fidèles, qui venaient là,
comme dans un port de miséricorde et de salut. Cédant
à l'empressement général, Marguerite de Flandre institua
en 1269 la procession de Lille, si pompeuse et si célèbre,
et qui, abolie au jour où la Collégiale tomba sous le marteau,
n'a pas encore repris naissance. Les lettres de fondation
attestent la gêne où se trouvait alors le chapitre de Saint-

connétable de Flandre, salut et bonne volonté pour le bien. J'ai reçu de
Bauduin d'Armentières et de Bella, sa femme, qui se sont présentés devant
moi, la déclaration par laquelle ils résignent entre mes mains, en faveur
de l'OEuvre de Saint-Pierre de Lille, toute la dîme de ..... (le nom manque)
qu'ils tenaient de moi. En conséquence, j'ai confirmé à ladite église la dîme
dont il s'agit pour en jouir pacifiquement *.

[1] Le chapitre avait également protégé l'ordre de St.-François. « Les capu-
» cins demeuroient premièrement sur la maison du prévôt de St.-Pierre, en
» la prévôté du dict cloître, etc. »
Chronique mms. de Matieu Manteau.

* Gossuin, évêque de Tournay, fut sacré en 1204 et mourut en 1218. — L'original de
cette Charte fait partie du cabinet de M. Gentil-Descamps.

Pierre, obéré à la fois par les frais de la guerre et par la réédification de l'église. (c.)

Le fils de Marguerite, Guy de Dampierre, octroya aux Lillois un droit politique de la plus haute importance : c'était le privilége de ne prêter serment de fidélité au souverain, qu'après avoir reçu de celui-ci la promesse solennelle de maintenir les franchises, priviléges et libertés de la cité (août 1297). Cet acte, qui élève si haut la dignité des communes du moyen-âge, se jurait sur les saints Evangiles, et la Collégiale de Saint-Pierre fut le théâtre ordinaire de cette cérémonie auguste, où le prince et les sujets semblaient prendre à témoins de leur foi les saints autels et le Dieu invisible qui y réside, les murs gothiques du temple et les cendres des ancêtres endormis sous les dalles. « Sire, disaient les magistrats, jurez-vous ici que vous garderez et maintiendrez la ville, ses lois, franchises, usages et coutumes, les corps et biens des bourgeois, et les gouvernerez par lois et échevinage ; et ainsi jurez-vous sur les saints Evangiles et les saintes paroles qui y sont écrites que vous le tiendrez bien et loyalement ?... »

Le prince étendait la main et prenait Dieu pour gage de sa promesse. Alors le Rewart disait, au nom de la ville : « Sire, nous nous engageons à défendre votre corps et votre héritage du comté de Flandre, et ainsi jurons de le faire loyalement à notre sens et selon notre pouvoir [1]. » Ce serment, si juste et si noble, fut échangé entre la ville et tous les princes qui la possédèrent : comtes de la lignée flamande, ducs de Bourgogne, archiducs d'Autriche, rois d'Espagne ; Louis xiv vainqueur s'y soumit lui-même, et

---

[1] Roisin, chapitre des *Serments*, page 126, édition publiée par M. Brun-Lavaine.

cette condescendance honorait autant son caractère que celui des magistrats, qui l'avaient exigée. Louis xv seul, subissant une influence de cour, se refusa à cet usage antique, tout empreint de la loyauté fière et de l'austère probité des anciens jours.

La famille des comtes de Flandre, qui depuis plusieurs siècles étendait sa domination sur cette magnifique contrée, voyait ses dernières branches se sécher au milieu des tempêtes civiles. Louis de Mâle venait de mourir[1], ne laissant qu'une fille, mariée au duc de Bourgogne, Philippe-le-Hardi ; ses restes mortels, ramenés à la Collégiale de Saint-Pierre, y furent déposés dans la chapelle de Notre-Dame de la Treille, où son arrière-petit-fils éleva plus tard un monument splendide, dont la gravure soigneusement conservée ne peut nous laisser maintenant que de stériles regrets.

La Flandre, sous le gouvernement de cette race brillante et chevaleresque, parvint à un haut degré de prospérité : il semblait qu'un souffle de vie agitât tous les esprits ; une sève de jeunesse et d'ardeur animait le corps social ; sortant d'un long sommeil, les lettres et les arts renaissaient, ayant perdu peut-être l'idéale beauté des formes antiques, mais empruntant au christianisme l'âme et sa vivifiante chaleur. De toutes parts, les églises gran-

---

[1] Il mourut en 1384 à Saint-Omer, en l'abbaye de Saint-Bertin ; ses cendres furent transportées, avec celles de la comtesse sa femme, au monastère de Notre-Dame de Loos, près Lille, d'où le lendemain, « les abbés » et couvent de l'abbaye, quand les conducteurs du corps du noble conte » Loys de Flandre furent advertis que mains barons, chevaliers, escuyers, » eschevins et aultres estoient, attendant le corps dans ladite ville, ils rechar- » gèrent le corps sur le chariot de dueil, et tous ensemble, chantant de » *Requiem*, à croix et grant luminaire, le accompagnèrent et le menèrent » jusques dedans la *Porte des malades*; et illec portèrent les bannières jus- » qu'à l'esglise collégiale de Saint-Pierre, où ils furent inhumés. » (Froissard.)

dissaient, sveltes et majestueuses, créées par des tribus
d'humbles artistes dont le nom est resté inconnu. Van Eyck,
Memling, traduisaient sur la toile, à l'aide de couleurs
impérissables, les scènes naïves ou sévères des Ecritures,
les drames gracieux ou terribles que nous ont transmis
les légendes des Saints. La sculpture en bois produisait
ses chefs-d'œuvre si admirés aujourd'hui. Les manuscrits même portaient sur le vélin de leurs pages des
symboles, des emblèmes ingénieux ou bizarres; les vitraux, animés par un art particulier, projetaient, sur les
marbres du sanctuaire, les grandes et suaves figures des
vierges et des martyrs. La richesse et la vie ruisselaient
de toutes parts ; mais toutes ces productions des arts,
tous ces fruits de la pensée, toutes ces entreprises brillantes et romanesques empruntaient à la religion leur
principal caractère. Ainsi, lorsque Philippe-le-Bon eut
créé l'ordre de la Toison-d'or, institution de chevalerie dont
la célébrité a survécu aux noms et aux empires de ceux
qui l'ont fondée, il le consacra à Notre-Dame de Lille,
et tint, dans la Collégiale, le 27 novembre 1431, le premier chapitre de cette association fameuse.

En feuilletant les pages de quelques livres jaunis par le
temps, en consultant les blasons qui, pour la plupart, ne
représentent plus que des noms éteints, ensevelis dans
des tombeaux oubliés, en voyant tous ces trophées d'une
gloire éclipsée, on peut retourner en arrière et se figurer
ces cérémonies, si pleines de luxe et de chevaleresque
éclat.

On voit le bon duc Philippe, le suzerain de la Bourgogne, le puissant vassal, redoutable à son seigneur, celui
dont l'épée pesait d'un si grand poids dans les destinées
du royaume de France, et qui tour-à-tour a été son ennemi

redoutable et son fidèle allié; il a quitté le deuil de son père qu'il porte depuis la funeste journée de Montereau; il est vêtu de couleurs brillantes; sa robe est d'écarlate fourrée d'hermine [1]; sur sa poitrine brille la Toison-d'Or, suspendue à un collier dont les *cailloux* de diamants étincellent de mille feux [2]; il s'avance sous les voûtes de Saint-Pierre, entouré de ses compagnons, de ses frères d'armes, de ses fidèles amis.

Là se trouvent Régnier Pot, ce vieux serviteur de Jean-sans-Peur, ce sage conseiller de son fils; Jean, seigneur de Roubaix, si pieux et si brave, qui fut tour-à-tour pèlerin, soldat et ambassadeur; Antoine de Vergy, fait prisonnier au pont de Montereau, en défendant vaillamment son maître; Hugues de Lannoy, seigneur de Pantel, qui, dans sa jeunesse, avait porté la croix contre les païens de Prusse, et qui, après de longs travaux militaires et diplomatiques, devait prendre son dernier repos dans les caveaux de la Collégiale; Pierre de Luxembourg, châtelain de Lille, seigneur du comté de Brienne, au royaume de Naples, et tant d'autres, choisis parmi les vaillants et les sages, et dont les exploits, oubliés des peuples, ne vivent plus que sous la plume sérieuse de l'historien. Après avoir entendu la messe *de l'office de Notre-Dame* [3], ils prennent place, d'après l'âge de chacun d'eux; Philippe, occupant la chaire du prévôt, les trente-un chevaliers, les stalles des chanoines; et le

---

[1] Les chevaliers portaient la robe d'écarlate vermeille, brodée et ornée de fourrures; le chaperon de même. xxv. article des Statuts.

[2] Le collier de l'ordre représentait des *fusils* enlacés à des pierres à feu, en diamants, et il supportait un agneau ou *toison-d'or*, avec la devise: *Autre n'auray!* Les *fusils*, dont la forme simulait un *B* gothique, étaient l'emblême de la Bourgogne.

[3] xxviii. article des Statuts.

greffier de l'ordre, homme docte et savant, lit à haute voix
les statuts qui commencent ainsi :

« *Philippe, par la grâce de Dieu, duc de Bourgogne,
de Lothier, de Brabant, de Limbourg, comte de Flandre,
d'Artois, etc., savoir faisons, à tous ceux présents et à
venir, que pour le très-grand et parfait amour, que nous
portons au noble état de chevalerie, dont de très-ardente
et sincère affection désirons l'honneur et l'accroissement,
par quoi la vraie foi catholique, l'état de notre Mère
la sainte Église et la tranquillité, la prospérité de la
chose publique, soient défendues autant qu'elles peuvent
l'être; Nous, à la gloire du Tout-Puissant, notre Créa-
teur et Rédempteur, en révérence de la glorieuse Vierge
Marie, en l'honneur de Monseigneur saint André, glorieux apôtre et martyr, à l'exaltation de la foi et de la
sainte Église, à l'avancement des vertus et bonnes mœurs,
le dixième jour de janvier, l'an du Seigneur 1429, qui
fut le jour de la solemnisation du mariage de Nous et de
notre très-chère et très-aimée compagne Elisabeth, en
notre ville de Bruges; avons pris, créé et ordonné, et
par ces présentes, prenons, créons et ordonnons, un
ordre de Fraternité de chevalerie, ou amiable compagnie,
de certain nombre de chevaliers, lequel sera appelé l'ordre
de la Toison-d'or* [1]. »*

On poursuivit la lecture des statuts, véritable code
d'honneur, de délicatesse et de justice, qui, dans les
premiers temps, faisait de cet ordre, non-seulement un
signe honorifique, mais encore une association de vertus
et de faits d'armes, une école de sentiments élevés et
généreux. Les chevaliers applaudirent à ces règlements;
puis Philippe, se levant, parcourut des yeux l'assemblée,

---

[1] Préambule des Statuts.

et, voyant deux sièges vacants par la mort de leurs possesseurs, il annonça qu'on allait procéder à l'élection de deux nouveaux frères.

Le chancelier de l'ordre reçut le serment des chevaliers qui s'engageaient : « *Sur la foi de leur corps, à procéder loyalement et justement à la dite élection.* » Thoison-d'or, le héraut d'armes, reçut les cédules fermées qui renfermaient les noms que proposait chaque membre ; le chancelier les ouvrit et en donna lecture. Fréderic, comte de Meurs, fut élu à la place de Robert de Masmines, trépassé, et Simon de Lalaing remplaça Jean de Neufchâtel, seigneur de Montagu[1]. Les nouveaux compagnons prêtèrent serment, reçurent le collier et l'accolade, et la noble assemblée se sépara, laissant à la Collégiale les écussons de tous les chevaliers, qui furent suspendus aux voûtes du chœur et y demeurèrent jusqu'en 1792 [2].

La Collégiale, choisie par Philippe-le-Bon pour y fonder cet ordre, qui, après quatre siècles d'existence, est encore la distinction réservée à la plus noble naissance ou au mérite le plus éclatant, dut à ce prince quelques-uns

[1] Jean de Montagu n'était pas mort, mais il fut exclu de l'Ordre, parce que, dans l'expédition du Dauphiné, il avait forfait à l'honneur, en prenant la fuite à la bataille d'Authon, et que conformément aux statuts, il devait être privé de sa qualité de Chevalier de la Toison-d'or. Étienne de Royant, muni de la procuration de Jean de Montagu, plaida en vain la cause de son seigneur, lequel, lorsqu'il connut la sentence, *fust dollent et desplaisant que jamais homme ne povoit plus estre, car il estoit vaillant Chevalier et de grand courage.* Il fallait, suivant la rigueur des statuts, que tout Chevalier présent à une bataille fut *ru mors, ou prins.*

[2] Voir *le Blason et armoiries des chevaliers de l'ordre de la Toison-d'or*, etc., par J.-B. Maurice, hérault et roy d'armes de S. M. catholique. La Haye, 1667. *in-folio.* A l'occasion de cette cérémonie, Nicolas, cardinal du titre de Sainte-Croix et légat en France, enrichit de nouvelles indulgences la Confrérie de Notre-Dame de la Treille. (L'Hermite, p. 501.)

de ses plus riches ornements. Il contribua, ainsi que son
épouse Isabelle de Portugal, à la réédification de l'église,
dont le chœur seul avait été rétabli ; il érigea, dans la
chapelle de Notre-Dame de la Treille, à la mémoire de
Louis de Mâle, ce magnifique mausolée, où le dernier
descendant de Bauduin-bras-de-fer dormait son éternel
repos, entouré des effigies de tous les princes de sa
maison. Il enrichit l'église d'une statue de Notre-Dame
des Sept-Douleurs, vers laquelle la dévotion du peuple
se porta avec empressement; et enfin, voulant léguer sa
propre image à ce lieu béni qu'il avait tant aimé, il se
fit représenter à genoux, tête nue, et soutenu par son
patron, l'apôtre saint Philippe. Ce groupe était adossé
à une des colonnes de la nef. Ce dernier souvenir d'un
prince qui avait tant favorisé *ses bons amis, ses chers
féaux* de Lille, a disparu dans la tempête révolutionnaire, en ces jours où l'effervescence populaire, étroite
et ingrate comme toutes les passions, effaça la trace des
bienfaits et le nom des bienfaiteurs, si justement chers
à d'autres âges [1].

[1] Comme souvenir de cette époque, on conserva longtemps dans l'église
collégiale l'armure de Jean-de-Vilain, qui, au combat de Mons-en-Vimeu,
eut l'honneur de faire reculer le vaillant Xaintrailles. (Derode.)

CHAPITRE III

Depuis Philippe-le-Bon jusqu'à Louis XIV.

A ce règne fastueux succéda une époque plus sombre et plus agitée. Charles-le-Téméraire, vaillant soldat, mauvais général, suscita, par son humeur inquiète, des guerres funestes à ses états, funestes à lui-même. La religion gémissait en silence sur les désastres qu'elle ne pouvait empêcher : querelles des grands, oppression des petits, dilapidation des finances, ruine de la chose publique, désordre des mœurs, effusion du sang humain. Les chanoines de Lille, prenant une part sympathique aux malheurs de la patrie, offrirent une forte somme à la ville, en compensation des aides fournis par elle au prince; et l'on voit, par l'histoire de ce temps, que les hommes pieux qui faisaient partie du chapitre trouvaient, dans la culture des lettres, un délassement aux soucis universels [1].

[1] Jehan Miellot, Jehan de Montreuil, tous deux chanoines de la Collégiale, ont publié : le premier, une histoire romaine; le second, des traductions des poètes latins.

Des jours plus menaçants encore surgirent dès le commencement du seizième siècle ; l'hérésie, appuyée sur la licence et sur l'orgueil, se leva de toutes parts ; et, après avoir attaqué l'Eglise, elle divisa les empires. La Flandre fut le champ de bataille des idées nouvelles ; ces riches provinces, ces champs féconds, ces villes opulentes passèrent tour-à-tour des mains des sectaires aux mains des catholiques, furent foulées sous le pied des Gueux et sous celui des Espagnols, et reçurent, dans ces sanglants conflits, des atteintes mortelles, par où s'écoulèrent richesse, industrie et prospérité. Lille, obéissant à un esprit prudent et paisible, qui, de tout temps, a distingué son peuple, Lille souffrit moins que les villes ses sœurs ; elle ne vit point son antique Collégiale souillée par les Gueux aux exploits sacrilèges ; la chaire, sanctifiée par saint Bernard, ne retentit point des sophismes de Zwingle, Luther ou Calvin ; les âmes fidèles ne furent point navrées à la vue des outrages faits au Dieu caché, présent dans les tabernacles ; et Lille, *la cité de la Vierge*, fut sauvée des affreux malheurs qui désolaient les provinces belgiques. Il semblait que le Prince des Apôtres, à qui l'église principale était dédiée, la défendit lui-même contre les nouveaux barbares, comme il avait défendu autrefois la ville éternelle contre les armes d'Attila [1].

Mais des jours plus heureux se levèrent : Albert et Isabelle apportèrent un peu de paix à ces contrées fatiguées de haine et de discorde ; tout l'amour que les Fla-

[1] Le chapitre fut particulièrement menacé, car voici ce que nous lisons dans la chronique *ms.* de Matieu Manteau :

» Au mesme temps, les messieurs de Saint-Pierre avoient cent hommes » en gardes à leurs propres dépens sur leur cimetière, avec une *hobette*, » parce qu'ils étaient menacés des calvinistes et religionnaires en retournant » du presche. »   Ch. *ms.* bibliothèque de M. Van der Cruisse.

mands avaient eu pour Charles-Quint retourna, précieux
héritage, à sa petite-fille; on oublia trente ans d'un règne
ombrageux et cruel, et pendant lequel les Lillois avaient
fait les plus grands sacrifices, non pas au prince qu'ils
ne pouvaient chérir, mais à la sainteté des serments qui
les liaient envers lui. Les archiducs firent leur *joyeuse
entrée* à Lille le 5 février 1600; les manuscrits de
l'époque, que Millin a copiés dans son curieux ouvrage [1],
nous donnent la description des fêtes brillantes que la
ville leur offrit. Après avoir traversé la cité entière,
dont la joie se manifestait par des représentations ingé-
nieuses ou bizarres, les princes descendirent de cheval à la
porte de l'église de Saint-Pierre, où ils furent complimentés
par le collége des chanoines. Ils entrèrent au chœur, et
rendirent de pieux hommages à une insigne relique de
la vraie Croix, conservée dans le trésor du chapitre [2],
et après avoir prié, ils entendirent un discours de bien-
venue, que Guillaume Giffort [3], docteur en théologie, prononça en latin. L'archiduc répondit dans la même langue.
L'église portait à son fronton une longue inscription
latine, que Millin nous a conservée [4].

Le lendemain, les archiducs, accompagnés par le magistrat, se rendirent à la Collégiale, pour y assister au
saint sacrifice et y prêter le serment qui garantissait les
franchises de l'église. D'après un antique usage, qui rappelait l'indépendance du clergé à l'égard des puissances

[1] Antiquités nationales, par Millin. Tome v.

[2] Cette précieuse relique a échappé aux fureurs impies de 93. On la
vénère, depuis le Concordat, dans l'église paroissiale de Saint-Étienne.

[3] Guillaume Giffort appartenait à une de ces familles catholiques, exilées
d'Angleterre, en haine de la vraie foi, et à qui la Flandre avait offert une
généreuse hospitalité.

[4] Millin, p. 44.

temporelles, les chanoines reçurent leurs princes sans se
lever de leurs stalles ¹, et la messe commença, offerte
par le révérend père Pierre Carpentier, abbé de Loos.
Après la messe, le doyen et le trésorier reçurent chacun
un pain enveloppé d'une serviette de toile; l'écolâtre et
le plus ancien chanoine reçurent aussi un flacon d'argent
rempli de vin; vieilles coutumes dont le sens religieux et
hospitalier est perdu pour nous.

Après cette cérémonie, les archiducs s'approchèrent du
grand autel, et, posant la main sur un missel, ils ju-
rèrent les franchises et immunités de l'église de Saint-
Pierre. Le serment, assurant la liberté de la ville, fut
prêté sur la Grand'Place, à la vue de tout le peuple.
Quelques années après (1623), une foule nombreuse remplissait derechef l'enceinte de la Collégiale : le *Dies iræ*
retentissait sous ses voûtes, les autels étaient vêtus de
deuil, les armes d'Autriche et d'Espagne se voilaient sous
de longs crêpes. On célébrait les funérailles de l'archiduc
Albert, dont le nom et la mémoire ont traversé les siècles, gardant, en dépit des révolutions, leur première
popularité.

L'abaissement de la maison d'Autriche présagea à la
Flandre de nouvelles destinées. La France, ce pays qui
semble avoir le privilège de ne pas vieillir, poursuivant
la politique de Richelieu, travaillait, par les armes et
les traités, à la ruine de cette dynastie de Charles-Quint,
dont la puissance avait eu tant d'éclat et si peu de durée.
Louis xiv, élevant des prétentions que la victoire a jus-
tifiées, vint mettre le siège devant Lille. Turenne, d'Hu-

¹ Les chanoines de Saint-Pierre de Rome ne se lèvent que devant le Chapitre de Saint-Jean-de-Latran, qui leur est supérieur par l'ancienneté, et
parce qu'il appartient à l'église épiscopale de Rome.

mières, Bellefonds, Lillebonne étaient autour de lui ; la ville était défendue par le général espagnol De Bruay, dont l'histoire a justement accusé la faiblesse. La bourgeoisie lilloise se défendit vaillamment, et, aussi pieuse que brave, elle mettait sa confiance en la Vierge miraculeuse, Notre-Dame de la Treille, dont l'image était exposée au milieu du chœur de la Collégiale.

Mais les temps marqués par la Providence étaient venus; Lille allait cesser de faire partie de ces provinces belgiques, riche proie offerte à l'ambition des princes; elle allait devenir la barrière et la sentinelle du royaume très-chrétien. Le 28 août 1667, Louis xiv reçut les clefs de la ville, qu'il rendit aussitôt aux magistrats. Il se dirigea vers la Collégiale, s'agenouilla dans la chapelle de Notre-Dame de la Treille, et prononça le serment que les comtes de Flandre avaient coutume de faire à leur avènement; il reçut en retour la promesse de fidélité des magistrats, et entendit le *Te Deum*, dont les solennels accents consacraient une nouvelle époque.

Les hasards de la guerre amenèrent en Flandre, vers cette époque, un prince dont la mémoire est chère encore aux Lillois. Joseph-Clément, électeur de Cologne, et son frère Maximilien de Bavière, ayant pris parti dans la guerre de la succession d'Espagne, pour le jeune duc d'Anjou, fils de leur sœur, furent forcés, par les succès des Impériaux, de chercher un refuge chez leurs alliés.

Le 28 juillet 1704, Joseph-Clément fut reçu à Lille avec de grands honneurs, et il y fixa sa résidence. Ce prince, nommé à quatorze ans aux sièges de Fresingen et de Ratisbonne, élu évêque de Liège à l'âge de dix-sept ans, n'avait cependant jamais pris les ordres sacrés. Une circonstance le détermina. Se trouvant à Lille, il

fut invité à assister à la cérémonie de vêture de mademoiselle Marie Imbert, qui, âgée seulement de quinze
ans, se consacrait à Dieu dans la maison de l'Abbiette[1].
L'aspect de cette jeune personne, qui accomplissait, avec
tant de force et de joie, le *sacrifice du matin*, qui fou-
lait aux pieds les biens visibles pour acheter les biens
éternels, fut pour le prince un trait soudain de lumière.
Quoique déjà arrivé au milieu de sa course, il se résolut
à poursuivre la sainte carrière à laquelle il semblait appelé,
et le mois suivant (août 1706), il reçut des mains de
Fénelon le sous-diaconat. L'évêque de Tournay lui conféra
l'ordre de diacre, et l'éleva enfin à la prêtrise, le jour
de Noël 1706.

Cinq mois après (1er mai 1707), l'illustre archevêque
de Cambrai plaça le prince fugitif et exilé au rang des
pontifes. L'église collégiale fut choisie pour le théâtre de
cette auguste cérémonie, où le faste des cours se mêlait
aux pompes sérieuses de la religion, où le génie allait
donner la croix du Sauveur pour consolation au malheur
et à l'exil.

Suivant l'usage du temps, des figures symboliques déco-
raient l'entrée de la vieille église de Bauduin. Les armes des
deux frères, électeurs du Saint-Empire, se mêlaient aux
anges, aux groupes allégoriques, dont les mains portaient
des devises ou des attributs pieux. Le chœur avait été tendu

---

[1] Célèbre monastère de Dames Dominicaines situé rue de l'Abbiette, aujourd'hui rue de Tournai. Mademoiselle Marie Imbert était nièce de M.elle
Michelle Imbert De la Phalecque, et elle écrivit la vie de sa tante, qui
s'était distinguée par l'austère pratique de toutes les vertus chrétiennes.
Cette biographie a été imprimée à Lille en 1757. Elle était nièce, également au 6.e degré, de Robert Imbert, Chanoine et grand-chantre de la Collégiale de St.-Pierre, fondateur de messes à célébrer et d'aumônes à distribuer en la Chapelle de Notre-Dame de la Treille. (V. Histoire de Notre-
Dame de la Treille, *page* 579.

de riches tapisseries, et les personnes les plus distinguées de
la ville étaient placées au jubé et aux balcons, construits
exprès pour cette cérémonie. Les magistrats et la noblesse
siégeaient dans le chœur. Un cortège magnifique, dont
la description occupe plusieurs pages dans un vieux livre [1],
amena le prélat élu aux portes de Saint-Pierre. Mille
antiques souvenirs de la féodalité allemande apparaissaient
dans cette fête : les hérauts d'armes aux cottes de velours,
les trabans, dont le nom et le costume rappelaient l'Orient,
le grand-chambellan portant l'aigle impériale, marque de
la dignité de chancelier de l'empire en Italie, et dernier
vestige des longues guerres des Guelfes et des Gibelins ;
les serviteurs soutenant le globe, signe électoral de la
Bavière ; tout peignait d'autres temps, d'autres contrées,
d'autres mœurs.

Fénelon attendait le prince à l'autel ; il était assisté
par les évêques d'Ypres et de Namur, par les suffragants
de l'archevêché de Cologne, et par un grand nombre
d'abbés portant la mître et la crosse. Depuis longtemps
le sanctuaire de Saint-Pierre n'avait reçu une assemblée
aussi vénérable. Présidée par l'éloquence et la vertu, elle
comptait dans ses rangs quatre évêques, un grand nombre
d'abbés, représentants des vieilles familles monastiques [2],
le chapitre entier de la Collégiale, une partie de celui
de Liège, des princes, des magistrats, des officiers-géné-
raux, des chevaliers de la Toison-d'or, et la foule des
courtisans, suivant leur maître jusqu'au pied des autels,

---

[1] *Relation de ce qui s'est passé à Lille, 1er Mai 1707, lorsque S. A. S.
monseigneur Joseph-Clément, électeur de Cologne, etc., etc., etc., a été
sacré en l'église de Saint-Pierre.* Lille, Fiévet et Danel, imprimeurs du roy.

[2] L'abbé de Cysoing (ordre de Saint-Augustin), l'abbé du Saint-Sépulcre
(ordre de Saint-Benoît), l'abbé de Loos, les abbés de Phalempin, d'Alne,
de Florennes, de Saint-Jean, de Saint-Sauve, etc., etc.

où il abdiquait les grandeurs de la terre pour le service
du Roi du ciel. La cérémonie fut longue, imposante,
magnifique, et l'attention universelle redoubla lorsque
l'archevêque de Cambrai, montant en chaire, fit en-
tendre ces accents harmonieux, où les sévères pensées
du christianisme semblent modulées sur la lyre de Virgile
ou d'Homère.

« Hommes faibles et impuissants, disait-il, vous qu'on
» nomme les rois et les princes du monde, vous n'avez
» qu'une force empruntée pour un peu de temps : l'Epoux,
» qui vous la prête, ne vous la confie qu'afin que vous
» serviez l'Epouse. Si vous manquiez à l'Epouse, vous
» manqueriez à l'Epoux même ; il saurait transporter son
» glaive en d'autres mains. Souvenez-vous que c'est lui
» qui est *le Prince des rois de la terre, le Roi invi-*
» *sible et immortel des siècles.* »

Il trace en quelques lignes éloquentes l'histoire de cette
Eglise, toujours triomphante, malgré les puissances de la
terre, ou sans elles. « L'Eglise, poursuit-il, n'a garde
» d'ébranler les royaumes de la terre, elle qui tient dans
» ses mains les clefs du royaume du ciel. Elle ne désire
» rien de tout ce qui peut être vu ; elle n'aspire qu'au
» royaume de son Epoux, qui est le sien. Elle est pauvre,
» et jalouse du trésor de sa pauvreté ; elle est paisible,
» et c'est elle qui donne, au nom de l'Epoux, une paix
» que le monde ne peut ni donner ni ôter ; elle est
» patiente, et c'est par sa patience jusques à la mort
» de la croix qu'elle est invincible. Elle n'oublie jamais
» que son Epoux s'enfuit sur la montagne dès qu'on voulut
» le faire Roi ; elle se ressouvient qu'elle doit avoir en
» commun avec son Epoux la nudité de la croix, puisqu'il
» est *l'homme des douleurs, l'homme écrasé dans l'in-*

» *firmité, l'homme rassasié d'opprobres....* Si l'Eglise
» accepte les dons précieux et magnifiques que les princes
» lui font, ce n'est pas qu'elle veuille renoncer à la croix
» de son Epoux et jouir des richesses trompeuses, elle
» veut seulement procurer aux princes le mérite de s'en
» dépouiller ; elle ne veut s'en servir que pour orner
» la maison de Dieu, que pour faire subsister modes-
» tement les ministres sacrés, que pour nourrir les pauvres
» qui sont les sujets des princes. Elle cherche, non les
» richesses des hommes, mais leur salut ; non ce qui
» est à eux, mais eux-mêmes. »

Après avoir ainsi célébré, avec un enthousiasme austère, les grandeurs de l'Eglise, il revient, il parle de cette
maison de Bavière, illustre par sa foi, par sa constance,
par son courage, il s'adresse à l'Electeur :

« Venez donc, ô Clément ! petit-fils de Maximilien !
» Venez secourir l'Eglise par vos vertus, comme votre
» aïeul l'a secourue par ses armes. Venez, non pour sou-
» tenir d'une main téméraire l'arche chancelante, mais
» au contraire pour trouver en elle votre soutien. Venez,
» non pour dominer, mais pour servir. Si vous croyez
» que l'Eglise n'a aucun besoin de votre appui, et si vous
» vous donnez humblement à elle, vous serez son orne-
» ment et sa consolation. »

Il lui recommande l'humilité, la patience, la prière.

« Venez donc, ô prince, accomplir les prophéties en
» faveur de l'Eglise ; venez *baiser la poussière de ses*
» *pieds....* O vous qui descendez de tant de princes, de
» rois et d'empereurs, *oubliez la maison de votre père,*
» dites à tous ces aïeux : je vous ignore. Si quelqu'un
» trouve que la tendresse et l'humilité pastorale avilissent
» votre naissance et votre dignité, répondez-lui ce que

» David disait quand on trouvait indécent qu'il dansât de-
» vant l'arche : *je m'avilirai encore plus que je ne l'ai*
» *fait, je serai bas à mes propres yeux.* Descendez jusqu'à
» la dernière brebis de votre troupeau : rien ne peut être
» bas dans un ministère qui est au-dessus de l'homme....

   » O pasteurs, loin de vous tout cœur rétréci! Elargissez,
» élargissez vos entrailles. Vous ne savez rien, si vous ne
» savez que commander, que reprendre, que corriger,
» que montrer la lettre de la loi. Soyez pères : ce n'est
» pas assez; soyez mères : enfantez dans la douleur; souf-
» frez de nouveau les douleurs de l'enfantement à chaque
» effort qu'il faudra faire pour achever de former Jésus-
» Christ dans un cœur.... Mais où est-ce qu'un homme
» revêtu d'une chair mortelle, et environné d'infirmités,
» peut prendre tant de vertus célestes pour être l'ange de
» Dieu sur la terre? Sachez que Dieu est *riche pour tous*
» *ceux qui l'invoquent.* Il nous recommande de prier,
» de peur que nous ne perdions, faute de prier, les biens
» qu'il nous prépare.... O bien infini, il ne faut que vou-
» loir pour vous posséder!... Soyez comme Moïse, l'ami
» de Dieu; allez loin du peuple sur la montagne, con-
» versez avec lui familièrement, *face à face,* revenez vers
» le peuple, couronné de rayons de gloire, que cet entre-
» tien ineffable aura mis autour de votre tête.... Vivez de
» cette vie cachée avec Jésus-Christ en Dieu, prince devenu
» le pasteur des âmes, et vous goûterez *combien le Sei-*
» *gneur est doux....*

   » O prince sur qui coule l'onction du Saint-Esprit,
» ressuscitez sans cesse la grâce que vous recevez par l'im-
» position de mes mains. Que ce grand jour règle tous les
» autres jours de votre vie jusqu'à celui de votre mort.
» Soyez toujours le bon pasteur prêt à donner sa vie pour

» ses chères brebis, comme vous voulez l'être aujourd'hui,
» et comme vous voudrez l'avoir été au moment où, dé-
» pouillé de toute grandeur terrestre, vous irez rendre
» compte à Dieu de votre ministère.... O Dieu ! vous l'avez
» aimé de l'éternité, vous voulez qu'il vous aime, et qu'il
» vous fasse aimer ici-bas. Portez-le dans votre sein au
» travers des périls et des tentations ; ne permettez pas que
» la *fascination des amusements* du siècle *obscurcisse les*
» *biens* que vous avez mis dans son cœur. Que la foi fasse
» en lui l'œuvre de la foi ! Qu'au moment où il ira pa-
» raître devant vous, les pauvres nourris, les riches hu-
» miliés, les ignorants instruits, les abus réformés, la disci-
» pline rétablie, l'Eglise soutenue et consolée par ses vertus,
» le présentent devant le trône de la grâce, pour recevoir
» de vos mains la couronne qui ne se flétrira jamais [1]. »

Il semble que le souvenir de ce sage mentor des rois,
si sévère dans sa douceur, aurait dû servir d'égide à la
Collégiale, au jour des tempêtes populaires ; mais alors un
seul vent d'orage emporta les princes et leurs conseillers,
les grands de la terre et leurs amis les plus rigides.

Peu de temps après, Fénelon donna à l'Electeur de Cologne le *pallium* qui venait de lui être envoyé, mais cette
cérémonie eut lieu, comme on le sait, en la maison des
dames de l'Abbiette.

---

[1] Fénelon, OEuvres complètes, tome III. On frappa, pour perpétuer le souvenir de cette cérémonie, une médaille avec cette inscription : *Conse-cratio Clementis Archiepiscopis Coloniensis,* et pour légende : *Veni, dator munerum.*

———✧✧✧———

CHAPITRE IV

Depuis 1707 jusqu'en 1792.

L'ANNÉE 1707 fut signalée à Lille par des fêtes et des réjouissances nombreuses, mais bientôt l'horizon s'assombrit; les alliés mirent le siège devant la ville, que commandait le valeureux Boufflers. Les détails de cette défense si honorable, si habile, sont assez connus, et l'on sait aussi qu'alors comme toujours, les Lillois, unissant la piété au courage, invoquaient avec ferveur la patronne de leur ville, Notre-Dame de la Treille, dont la vénérable image était exposée au milieu du chœur de Saint-Pierre. Le ciel, pour un moment, parut sourd à ces vœux patriotiques; mais, en dépit des revers de la France, Lille redevint française, et se rattacha à cette grande famille des Gaules qu'elle avait si franchement adoptée. Sans doute, les chanoines de Saint-Pierre, dans l'église desquels les alliés firent chanter le *Te Deum*, se montrèrent peu favorables à cette nouvelle domination, car le prévôt, M. Bochart de Champigny [1], ne

---

[1] M. Augustin d'Hervilly de Devise, archidiacre de Cambrai, fut le premier prévôt nommé par le roi, 1731.

tarda pas à se voir exilé. La Collégiale portait des traces
nombreuses du siège que la ville venait de subir : ses vitraux
étaient brisés, ses voûtes enfoncées, mais alors c'étaient
des mains ennemies, et depuis....

L'hérésie avait déjà tenté de s'emparer de l'antique
création des comtes de Flandre. Les princes alliés, demandant au magistrat un lieu de réunion pour le service et
le prêche protestant, jetèrent les yeux sur une salle du
collége de Saint-Pierre ; mais les chanoines opposèrent une
forte et juste résistance, qui obtint un plein succès. Quel
œil perçant, quel esprit prophétique aurait pu deviner
alors qu'avant la fin du même siècle, l'incrédulité d'un
peuple si longtemps fidèle aurait chassé de leurs asiles ces
hommes que l'hérésie triomphante avait respectés ?

Mais bientôt la réforme et les réformés abandonnèrent
une ville que leur influence n'avait pas pu atteindre ;
la paix d'Utrecht fut célébrée à Lille par le *Te Deum*,
chanté à Saint-Pierre (1713), et deux ans après, le héros
de ces longues guerres, le monarque si longtemps objet
des respects de l'Europe entière, Louis XIV, descendait au
tombeau. Ses funérailles furent célébrées à la Collégiale,
et l'abbé Froissard prononça le panégyrique de celui que
ses contemporains avaient surnommé le *Grand*, et qui voit
ce titre confirmé par la jalouse postérité (1715).

Louis XV enfant monta sur le trône, et tous les vices
régnèrent en son nom. De ce gouvernement date la ruine
des anciennes institutions vénérées par huit siècles : les
mœurs antiques périrent, gagnées par le venin de la corrup-
tion, qui se répandait de proche en proche ; les vieilles
coutumes, gardiennes de l'union des familles et de la paix
des cités, s'effacèrent devant le sarcasme et l'épigramme ;
la Religion frémit de toutes parts, ébranlée sur ses bases,

frappée par tous les traits que pouvait forger la haine la plus ingénieuse, frappée surtout par la raillerie; car en ce siècle, on riait toujours, et ce fut en riant qu'on creusa l'abîme où la vieille société devait s'engloutir. Elle y tomba en effet : éclat de la royauté, majesté des lois, fantômes imposants de la gloire et de la fortune, rien n'échappa au naufrage; le catholicisme seul puisa une nouvelle jeunesse dans ces flots orageux qui voulaient l'engloutir; fort de sa vie immortelle, il survécut à ses autels brisés, à ses temples renversés, à ses ministres morts ou bannis, il berça sur ses genoux une génération nouvelle qui bénit et adore ce que ses pères ont persécuté.

Nous passerons rapidement sur ce long et triste règne qui ne présente aucune particularité relative à notre sujet.

Les quelques victoires remportées par les généraux de Louis xv furent solennisées à Saint-Pierre par les marques ordinaires d'allégresse; et, en l'année 1754, une fête toute patriotique amena dans l'enceinte de la Collégiale le pieux concours des fidèles et la foule curieuse des étrangers. On célébrait, par une procession magnifique, le retour cinq fois séculaire de l'institution de la confrérie de Notre-Dame de la Treille, érigée en reconnaissance des nombreux miracles opérés en 1254. Nous parlerons plus loin de cette religieuse cérémonie.

Bientôt arrivèrent ces jours funestes, qui avaient eu pour augure tout un siècle de vices et de folies : Louis xvi régnait, figure mélancolique, qui laissait entrevoir, sous la pourpre royale, la victime destinée au sacrifice. Le premier cri de liberté, jeté par le tiers-état, fut accueilli à Lille avec joie. Il y a dans cette terre de Flandre de vieux échos qui répondent au mot d'indépendance, et le clergé partagea ces vives sympathies.

Dans le *cahier des doléances*, il demandait surtout aux États-généraux l'abolition des lettres de cachet, la liberté individuelle, le respect du sceau des lettres, la liberté de la navigation; il invoquait des mesures sévères contre les blasphémateurs et contre les auteurs licencieux; il sollicitait enfin la réforme de ces abus qui avaient rendu si odieux et si pesant le joug de Louis xv, de ses ministres et de ses favorites. Cette pièce, porte les signatures de *Muyssart*, *écolâtre de Saint-Pierre* [1], *Blin* et *Gallouin*, *chanoines*, *Nolf*, *curé de Saint-Pierre*, *Liénart*, *bénéficier de Saint-Pierre*, sans compter les abbés de Loos et de Cysoing, et les curés des principales paroisses de la ville. Une nouvelle occasion s'offrit encore pour les prêtres de la Collégiale de prouver le sincère amour que leur inspiraient les institutions nouvelles : la garde nationale, récemment organisée, apporta dans l'antique sanctuaire les drapeaux qu'elle venait de recevoir. Elle fut accueillie avec honneur; les chefs s'agenouillèrent dans le chœur; les étendards furent déposés sur l'autel, et le chanoine de Muyssart s'adressa en ces termes à l'assemblée :

« Messieurs, c'est avec toute l'émotion de la sensibilité
» que nous nous empressons d'applaudir aux sentiments
» édifiants qui vous ont conduits aux pieds des autels.
» Ainsi l'on voyait autrefois les enfants d'Israël, dans leur
» marche guerrière, se faire précéder des emblèmes de la
» Religion... Aussi le grand Constantin, à la suite du signe
» sacré de la Croix, volait à la victoire !... Puisqu'il n'est
» aucune nation qui ne croie devoir mettre ses légions
» sous la protection de la Divinité, c'est que dans tout
» l'univers on reconnaît qu'il est un Dieu suprême qui do-

[1] M. De Muyssart fut, après le concordat, nommé chanoine de l'église de Cambrai.

» mine sur tous les peuples, et que si l'on est forcé de
» s'armer d'un glaive toujours dangereux, ce ne doit être
» que sous ses auspices. . . . .

. . . .

. . . .

« Puissions-nous toujours obtenir qu'il verse ses faveurs
» les plus précieuses sur vous, ô généreux concitoyens, ô
» mes frères! et sur ces braves et dignes chefs que vous
» avez choisis! Conjurons le Dieu de toute justice de couvrir
» de son aile paternelle ces magistrats respectables, au-
» jourd'hui l'espoir d'une grande cité, que leur mérite
» reconnu et le choix libre de leurs concitoyens ont élevés
» au rang qu'ils occupent.... Enfin, ô mon Dieu! jetez
» toujours un regard de bienveillance et de protection sur
» le citoyen honorable qu'un esprit sage et éclairé, une
» probité sans nuage, des vertus sociales et chrétiennes ont
» placé à la tête de cette magistrature vraiment patriotique.
» Il est, en quelque sorte, au milieu de nous, semblable
» à l'œil pénétrant de votre sainte Providence, qui porte
» de tous côtés ses regards bienfaisants. Puisse-t-il, ô Sei-
» gneur, et puissent tous ceux qui veillent avec lui sur
» notre commune patrie recevoir sans cesse une portion de
» cette lumière divine si nécessaire pour gouverner se-
» lon votre esprit.... »

L'après-midi, le *Te Deum* fut chanté, et le maire à son
tour prononça quelques paroles, toutes empreintes d'une
chaleureuse piété. Ceci se passait en 1790.

La fête de la fédération des trois départements, le Nord,
la Somme, le Pas-de-Calais, fut fixée de manière à coïn-
cider avec la fête de Notre-Dame de la Treille, solennité
si chère aux Lillois, et le clergé des différentes paroisses
de la ville fut invité, par la garde nationale, à accompagner

le très-saint Sacrement qui devait être porté de la Collégiale jusqu'au Champ-de-Mars.

Cette fête, restée célèbre dans les annales lilloises, fut comme une grande protestation jetée par ce peuple, si profondément catholique, à la *Terreur* qui s'avançait à grands pas. Ah ! sans doute, il fallait ces jours affreux de violences et de délations pour étouffer un culte si longtemps révéré et qu'une population tout entière venait d'entourer des plus vifs témoignages d'amour ! Une dernière fois, pendant la fête fédérale, la religion parut environnée de ses pompes antiques, quand déjà se formait à l'horizon le nuage enfermant la foudre. Les chanoines de la Collégiale tenaient le premier rang dans cette cérémonie, où la bénédiction du Dieu des armées consacra les serments que faisaient les trois provinces *à la nation, au roi, à la loi* [1].

Mais bientôt la constitution civile du clergé, et les écarts à jamais déplorables où elle jeta quelques esprits faibles et abusés, vint alarmer les hommes religieux et leur faire voir sous de plus sombres couleurs l'avenir qui se préparait. Le clergé cependant n'avait pas mérité que la société française le rejetât de son sein ; il avait, dans le siècle qui allait finir, donné de nobles serviteurs à la patrie : Belzunce avait montré à la France un nouveau Charles Borromée, et l'évêque d'Amiens, M. de la Motte, un nouveau François de Sales ; le clergé s'était associé, comme nous l'avons vu, aux justes demandes de la nation, il voulait ne faire qu'un avec elle, et ce fut en ce moment qu'on lui retrancha, d'une main impitoyable, les conditions nécessaires à son existence.

La Collégiale de St.-Pierre fut frappée au cœur, par la mesure concernant les biens ecclésiastiques ; les équestre fut mis

[1] On peut voir dans M. Derode (*Histoire de Lille*, volume III), un intéressant détail de cette fête patriotique.

sur ses propriétés, et dès cet instant la vieille église des comtes de Flandre et des ducs de Bourgogne, le berceau de la ville et le tombeau de ses plus illustres enfants, centre glorieux de tant de souvenirs patriotiques, Saint-Pierre de Lille enfin cessa, par le fait, d'appartenir au culte catholique.

L'évêque constitutionnel y fut, il est vrai, complimenté par la municipalité, le *Te Deum* retentit en son honneur (16 avril 1791), il prononça même un discours du haut de la chaire, honorée jadis par les accents de Fénelon; mais Rome avait parlé et flétri de sa réprobation solennelle ce simulacre de culte, ce fantôme de religion. Deux mois après, la procession de Notre-Dame de la Treille sortit encore une fois, ce fut la dernière : l'erreur et la profanation avaient précédé la ruine, aube funeste d'un jour désastreux. Saint-Pierre cessa de faire partie des paroisses de la ville, fixées dès-lors, comme aujourd'hui, au nombre de six; le vieux monument fut, à la fin de 91, et pendant le cours de 92, ou fermé comme un bâtiment inutile, ou livré au public, à titre de magasin. Le sanctuaire où le Dieu invisible avait si longtemps résidé, où les saints mystères avaient été offerts tant de fois; les parvis où dormaient les guerriers et les princes, les savants et les bienheureux; les murs qui semblaient être le livre où la ville de Lille pouvait lire son histoire; ce monument qu'auraient respecté des sauvages, qui savent quel respect on doit aux lieux où reposent les ancêtres; ce monument fut réclamé, le 15 novembre 1792, par les commissaires des guerres, pour y abriter des troupeaux de moutons, « *qu'il n'était* » *plus possible de laisser hors de la ville exposés aux* » *injures du temps* [1]. »

Peu de temps après, l'église fut mise en adjudication

, En 1793, un hôpital-ambulance était établi dans les bâtiments de la Collégiale.

(23 mars 1793), et entièrement abattue. Alors tombèrent les voûtes hardies, chefs-d'œuvre de ces siècles nommés barbares ; alors furent foulés aux pieds les vitraux, étincelant de mille couleurs ; alors furent livrées au feu les splendides boiseries, luxe d'un autre âge ; alors furent divisées par la scie les statues des prélats et des chevaliers ; alors furent vendus au poids, comme papier de rebut, les précieux manuscrits, les riches antiphonnaires, les missels aux splendides miniatures ; alors servirent de bornes aux chemins, d'auges aux fontaines, les colonnes sculptées, les pierres chargées d'épitaphes, trésors du passé ; alors furent jetées dans un sacrilège creuset l'or et l'argent des vases sacrés, coupes dépositaires du Sang du Seigneur, *Soleils* étincelants exposant aux yeux mortels le divin Soleil de justice, vases saints contenant l'huile mystérieuse, dernière onction du chrétien ; alors furent mêlés à la boue des rues les ossements vénérables des vierges et des martyrs ; alors furent détruites les lettres de vie et de gloire de toute une cité : la Collégiale tomba, ses pierres furent déblayées, comme si on avait voulu effacer son souvenir de la terre qui l'avait portée ; de nouveaux édifices s'élevèrent. On rit, on danse, on chante sur ce sol, consacré jadis par la double majesté de la Religion et de la mort ; mais l'irrésistible attrait qui force l'homme à se replier vers son berceau, tourne aujourd'hui les yeux des Lillois vers ces lieux qui renfermèrent en germe toutes les destinées de cette ville ; on en recherche avec soin les moindres vestiges[1], et l'Esprit

---

[1] Il existe, aux archives départementales, un plan très-curieux représentant le cloître, les héritages et l'église de Saint-Pierre, tels qu'ils existaient au moment de la révolution. Ce plan porte l'inscription suivante :

Nous doïen, chanoine et chapitre de la Collégiale de Saint-Pierre en la ville de Lille, et nous Rewart-majeur, eschevins, conseil et huit hommes de ladite ville, déclarons que le plan a l'autre part a été levé, par nos ordres,

mystérieux qui souffla jadis sur des ossements arides, pourra
peut-être former de ces pierres éparses un nouveau temple
au Seigneur.

par les sieurs Caby et Desfosseux, pour être joint et servir au Traité faict
le deux octobre 1727, entre les deux corps, au sujet des mouvances de
la nouvelle enceinte et agrandissement de la ville, de l'an 1670.

En foy de quoy nous avons donné le présent acte. Sous notre scel et
cachet ordinaire, en double, le 15 novembre 1727.

                              Signé : A. THIELMAN.   HERRENG.

L'acte de vente de la Collégiale (reposant aux archives départementales),
est en date du 23 Mars 1793. On vendit le grand corps de bâtiment, servant
autrefois d'église, le terrain qui l'entourait, la chapelle de Saint-Michel et
le corps-de-garde établi entre deux jambes de force de l'église. L'espace
vendu comprenait 860 verges et fut adjugé pour la somme de 210,000 florins.
La mise-à-prix avait été de 125,000 florins. On exceptait de la vente : la
bibliothèque, ses boiseries, l'orgue de l'église, la grille en marbre et fer,
formant la clôture de la chapelle de Notre-Dame, une urne et deux médaillons en marbre et les pierres sépulcrales, qui, néanmoins, ont toutes
disparu. Le tombeau de Louis de Mâle fut, dit-on, vendu à des étrangers
et envoyé en Espagne.

CHAPITRE V

De la dévotion à la sainte Vierge, révérée en l'église collégiale,
sous le nom de Notre-Dame de la Treille.

Le soleil se couchait et empourprait de ses derniers
feux les troncs moussus des chênes ; on n'entendait rien
dans la vaste forêt que le feuillage au murmure harmonieux et le faible bruit d'une source, qui épanchait un
flot rare et pur où les saules laissaient tremper le bout de
leur longue chevelure.

Une femme, à demi cachée par ces arcades de feuillage,
dormait étendue sur la terre : ses longs cheveux, ses ha-
bits magnifiques, l'aumônière qui pendait à sa ceinture,
la croix d'or attachée sur sa poitrine, tout annonçait une
femme libre et noble... Et pourtant, elle dormait sur la
terre comme une pauvre serve, elle semblait cachée dans
la profondeur de cette forêt, comme si ces ombres eussent
dû la dérober aux yeux menaçants d'un ennemi. Son sommeil même semblait être agité : sans doute, d'effrayantes
images passaient encore devant ses yeux fermés, des sou-

7

venirs terribles hantaient son intelligence en apparence
assoupie... Mais tout-à-coup elle sourit, une joie céleste se
peint sur son visage, elle étend les mains vers un objet in-
saisissable. Ce mouvement la réveille, aussitôt elle se jette
à genoux et s'écrie : « O Mère de mon Dieu! j'accepte vos
promesses : mon fils sera grand et glorieux, vous le pro-
tégerez lui et ses peuples, lui et sa postérité! ô Mère des
orphelins! ô consolatrice des affligés! soyez bénie! »

Cette femme s'appelait Hemelgarde; elle était mère de
Lydéric, qui devint fondateur de Lille, Lille la *cité de la
Vierge*.

Voilà le fabliau, ou pour mieux dire, voilà la tradition
populaire, respectable par son antiquité et confirmée par
de savants témoignages [1]. Voici maintenant la chronique :

Au temps de Bauduin IV, au lieu où s'élève aujourd'hui
l'église d'Esquermes, on voyait, cachée dans le creux d'un
buisson, une modeste image de la Mère de Dieu. Les pauvres serfs, les bergers, les laboureurs, attirés vers celle
qui fut l'Épouse de l'artisan et la Mère du Roi, du Chef
des pauvres, venaient en foule vers cette chapelle agreste
et fléchissaient les genoux devant la gothique statue. Les

---

[1] « Ce fondement (de notre espérance), messieurs de Lille, ne manque
» pas à votre confiance à la sainte Vierge ; car votre histoire rapporte plusieurs
» effets particuliers de l'affection de cette divine Patrone, et plusieurs signalez
» bienfaits que vous en avez reçus, dont le premier est en la fondation même
» de votre ville..... Non-seulement Lille a été solemnellement consacrée à
» la sainte Vierge, mais c'est elle-même qui l'a bâtie et fondée en luy don-
» nant son fondateur Lyderic, en présidant à sa naissance, s'apparoissant
» à la princesse Ermengarde, sa mère, enceinte de luy et réduicte à la der-
» nière misère, et l'assurant qu'elle accoucheroit d'un fils qui la mettroit
» en liberté, vengeroit la mort de son père, affranchiroit le pays de la ser-
» vitude d'un tyran, et en obtiendroit la seigneurie, présidant ainsi à sa
» nourriture..... La sainte Vierge est donc la fondatrice de Lille, etc., etc. »
(Sermon prêché à Lille par le P. Lazare Dassier, dominicain, imprimé
dans le recueil de ses discours; Lyon, 1685.)

troupeaux s'arrêtaient auprès de ce buisson, et l'humble
cour de Bethléem se formait encore autour de la Reine des
cieux. Bauduin, le vaillant chevalier, le puissant comte,
ému d'une foi vive, se mêla à cette troupe indigente et
pria la Vierge du buisson d'Esquermes. Sa prière secrète
monta vers les cieux : il fut guéri d'une infirmité qui
détruisait ses forces et sa vie, et sa femme, longtemps
stérile, lui donna un fils qui s'appela Bauduin v, de Lille,
surnommé le Pieux [1].

Ici commence l'histoire, appuyée sur des preuves solides
et unanimes.

Bauduin v fonda la Collégiale en 1066, et dès l'origine
on y plaça une image de la sainte Vierge, taillée en pierre
et entourée d'un treillis de fer, qui donna le surnom à
la statue. La piété du peuple se porta dès-lors à cet autel,
et la dévotion à Marie parut croître ainsi avec la ville
même qu'elle protégeait. La ville, encore en germe dans
l'avenir, la ville au berceau, avait reçu dans la personne de
Lydéric et Bauduin iv les marques signalées d'une distinction
particulière, et la fondation de Saint-Pierre fortifia ces
liens, noués de la terre au ciel, des villes de ce monde,
caravansérails de la race humaine, à la demeure stable et
brillante dont Marie est la Reine.

Deux cents ans s'écoulèrent, pendant lesquels la foi du
peuple se porta avec une pieuse constance vers cette image,
auguste et vénérable aux yeux de tous, avant même qu'elle
eût éclaté en miracles, lorsqu'en 1254, le dimanche après
la fête de la très-sainte Trinité, la puissance divine daigna
se manifester tout-à-coup avec une abondance, une largesse,
une prodigalité magnifique, que les vieux historiens ne se

---

[1] Voir pour la Vierge d'Esquermes, ou Notre-Dame de Réconciliation,
les *Sanctuaires de la Mère de Dieu*, etc. 1er volume.

lassent pas d'admirer. La chapelle de la Treille était remplie d'infirmes et de malheureux, sollicitant, les uns, la vie qui s'épuisait en leur sein comme l'huile d'une lampe prête à tarir ; les autres redemandant l'usage d'un organe, qui, serviteur fatigué, leur avait déjà refusé son office, quand tout-à-coup, touchés par une main invisible, ils sentirent la vie affluer dans leur poitrine, et le mouvement et la vigueur renaître dans ces membres, jadis frappés de mort. Un cri d'universelle reconnaissance s'éleva ; le miracle était visible et sensible, il excita l'enthousiasme de la multitude ; et obéissant à un vœu général, la comtesse Marguerite établit, en la même année 1254, une confrérie en l'honneur de Notre-Dame de la Treille ; les souverains Pontifes l'enrichirent de précieuses faveurs, et depuis Alexandre IV jusqu'à Grégoire XVI, le saint-siége n'a cessé d'encourager cette institution due à un reconnaissant amour. Quinze ans après, le même dévouement, la même gratitude donnèrent naissance à une cérémonie qui devint célèbre dans les Pays-Bas, à la Procession de Lille, qui, instituée en l'honneur de Notre-Dame de la Treille, attirait, chaque année, à Lille, un si nombreux concours de pèlerins. Le paganisme ne décernait les honneurs du triomphe qu'à de sanglantes conquêtes, il attachait au char de ses élus, de ses vainqueurs, des captifs et des victimes ; il était réservé à une loi de grâce et d'amour d'entourer de souverains hommages la bonté, l'humilité, la tendresse, qui ont eu pour asile l'âme virginale de Marie.

« Marie est la divinité de l'innocence, de la faiblesse » et du malheur, » a dit hyperboliquement un écrivain célèbre [1] ; aussi, on voyait les processions de Notre-Dame suivies par les malades qu'elle avait guéris, par les affligés

---

[1] Chateaubriand. *Génie du Christianisme.*

qu'elle avait ou consolés ou fortifiés ; les pieuses mères la
montraient aux petits enfants qui souvent lui devaient la
vie, et venus de loin, d'autres infirmes, d'autres malheureux, couverts de la robe du pèlerin, s'empressaient
sur les pas de la foule, espérant obtenir à leur tour une
de ces faveurs merveilleuses.

Tels étaient les spectacles qu'offrait la Procession de
Lille ; à côté de la splendeur dont la pieuse cité environnait sa Souveraine, on voyait une pompe plus attendris-
sante, celle du malheur et de la souffrance qui se jetaient,
pleins d'espoir, entre les bras de la Mère de miséricorde. Pendant cinq siècles, cette procession déroula ses longs anneaux
autour des murailles de Lille, élargissant ses contours, à
mesure que la ville grandissait en forces et en étendue :
c'était comme une *Treille* vivante qui enserrait les remparts
de la cité chère à Marie. Tous les rangs de la société y pre-
naient leur place : clergé, magistrats, guerriers, nobles,
bourgeois, ouvriers, pèlerins, étrangers ; tous servaient
d'escorte aux reliques saintes, aux châsses brillantes, renfermant des restes vénérables et dont nous aurons occasion
de parler plus tard. Cette procession se renouvelait pendant neuf jours ; et, durant cet espace de temps, d'après
les lettres d'octroi de la comtesse Marguerite, nul homme
poursuivi pour dettes ne pouvait être inquiété ni arrêté
sur le territoire de la ville. Souvenir de cette antique
franchise, de vieux écussons placés au pied de l'image de
la sainte Vierge représentent des oiseaux volant en liberté.
Au bout de neuf jours, les châsses replacées dans la Collégiale de Saint-Pierre donnaient lieu à une fête solennelle, nommée *Rassise des fiertes*, ou *Reposition des
saintes Reliques*. Quant à la statue vénérée, elle ne sortait
jamais de l'enceinte de Saint-Pierre, et pendant le cours

de la neuvaine, le peuple venait prier devant elle jusqu'à une heure bien avancée de la nuit.

Cette chapelle de la Treille, chère aux Lillois comme un lieu de refuge, comme une maison maternelle, toujours pleine de douceur et de consolation, reçut de Philippe-le-Bon un nouvel et saint ornement. Il y plaça une image de Notre-Dame des Sept-Douleurs, et souvent, on le vit, rempli de cette foi d'un autre âge, possédant dans le cœur cette source de larmes, qui, à la vue des lieux saints, au récit des sacrés mystères, coulait en si grande abondance des yeux de ces hommes à la fois courageux et naïfs, on le vit souvent prier et pleurer aux pieds de Celle qui sentit le glaive transpercer son cœur. Le peuple qui l'aimait suivit son exemple, et la dévotion aux douleurs de Marie se joignit bientôt au culte de Marie, Reine et protectrice de la cité.

Ces titres lui étaient acquis depuis longtemps, par le consentement et l'unanime reconnaissance du peuple ; mais, en 1634, les magistrats voulurent les ratifier par une consécration solennelle. Quatre cents ans d'une fidèle alliance allaient recevoir pour sceau une donation publique de la ville à Marie.... L'antiquité avait senti ce besoin d'une protection plus particulière : ses villes les plus fameuses s'étaient réfugiées sous l'égide de quelque dieu ; mais plus heureuse qu'Athènes, Lille avait vraiment pour patronne la Vierge prudente, le Siège de sagesse, l'Étoile vigilante du matin, la Guerrière invincible qui terrasse l'ennemi des hommes.... Aussi, fière et reconnaissante, la cité tout entière concourut à ce don d'elle-même ; les magistrats, ses interprètes, déposèrent sur l'autel de la Treille, aux genoux de Marie, les clefs de la ville ; ils offrirent un étendard portant l'effigie de Notre-

Dame, avec ces mots : *Dicet habitator insulæ hujus :
Hæc est spes nostra! L'habitant de cette île dira : Voilà
notre espérance!* Le revers du *labarum* portait ces mots :
*Le magistrat et le peuple consacrent Lille à Notre-Dame
de la Treille* (1634). Espérons-le, en dépit des orages
et des insultes du siècle dernier, ni sur la terre, ni dans
le ciel, pour un tel fait, il n'est point de prescription.

Vers la même époque, l'empereur Ferdinand II, se
voyant accablé sous les efforts des Turcs et des Suédois,
dont les armes redoutables menaçaient l'empire, se fit
inscrire avec toute sa famille sur le registre de la confrérie
de Notre-Dame de la Treille, et vingt ans plus tard (1659),
la ville de Tournai envoya à Lille une nombreuse dépu-
tation de pèlerins, et se consacra également à Marie, invoquée sous le titre de Notre-Dame de Lille ou Notre-Dame
de la Treille.

Le dix-huitième siècle vit célébrer, avec une ferveur
extraordinaire, le cinquième anniversaire séculaire des
miracles de 1254. La procession se déroula plus que
jamais, brillante et splendide : souvenir du passé, richesses
du présent, progrès du luxe, recherches de la science,
tout contribuait à sa magnificence; et, dans le siècle du
vice et du blasphème, du doute et de l'impiété, Lille,
la cité de la Vierge, rendit de plus grands, de plus
imposants honneurs à sa Reine bien-aimée : chaleureuse
protestation d'une grande ville contre le torrent d'écrits
licencieux qui inondaient alors la France, noble fidélité
dont la piété constante des Lillois fut sans doute la
récompense !

Le siècle n'était pas achevé, que déjà l'impiété s'as-
seyait triomphante sur les débris des autels renversés.
Celui que la ville de Lille avait érigé à Marie subit le

sort commun. Nous avons vu comment la Collégiale fut
dépecée, vendue, et renversée enfin par le marteau sacrilège d'une *bande noire*. L'image antique et vénérée fut
jetée parmi les décombres, au milieu des pierres sépulcrales, des tables d'autel, des statues mutilées qu'on allait
vendre à l'encan. Un homme pieux, nommé Albert Gam-
bier, vint à passer : il avait desservi autrefois, comme
sacristain, la chapelle de la Treille; il vit, il reconnut
la statue miraculeuse, et, frappé de respect, il la prit
dans ses bras, l'obtint à prix d'argent de celui qui avait
la garde des ruines, et l'emporta chez lui. Ainsi fut
sauvée cette image, gardienne de la cité, que les habitants auraient dû chérir et défendre comme le portrait
d'une tendre mère... Mais pourquoi leur faire un reproche?
la terreur glaçait et paralysait les esprits comme un souffle
de mort. Mais quand cet air empesté eut fui, les Lillois
se souvinrent que la dévotion à Marie était aussi ancienne
que leur ville, que pendant des siècles cette dévotion fut
leur amour et leur orgueil, qu'ils ne sauraient remonter
vers leurs ancêtres sans trouver la trace d'une protection
céleste et d'une reconnaissance filiale; et, enfants res-
pectueux, ils acceptent cet héritage et le conservent
avec un soin jaloux.

La statue de Notre-Dame des Sept-Douleurs subit à peu
près le même sort que l'image miraculeuse; recueillie à la
dérobée par un Lillois, qui la voyait confondue avec un
amas de bois de chauffage, elle passa entre les mains
d'une femme pieuse, qui la possède encore aujourd'hui.

CHAPITRE VI

LAMBERT, chantre de Saint-Pierre, évêque d'Arras.

LAMBERT naquit à Guines, et appartenait à l'ancienne et noble famille des comtes de Boulogne ; il tenait, par les liens du sang, à Godefroy de Bouillon, le héros de la première croisade. Lambert fit partie de la première élection de chanoines, choisis par Bauduin pour remplir les prébendes qu'il venait de créer en l'église de Saint-Pierre. Il avait étudié les saintes lettres sous Ives, abbé de Saint-Quentin et depuis évêque de Chartres, et il témoigna dès sa jeunesse, avec l'amour des études sacrées, le goût de la piété et de la vertu. Une étroite amitié le liait à Jean de Warneton, et tous deux devaient marcher d'un pas égal dans la carrière des honneurs et de la sainteté. Il fut distingué par le grand pontife Grégoire VII, dont l'œil vigilant s'étendait sur toute la chrétienté, et qui apprit que la vertu de Lambert avait été éprouvée par les contradictions des hommes. Une occasion favorable se

8

présenta de récompenser ce mérite, que l'injustice n'avait
pu obscurcir. L'évêché d'Arras, réuni depuis longtemps
au diocèse de Cambrai, réclamait hautement ses privilèges. Rome entendit ces justes plaintes, et permit la
séparation des deux diocèses, et l'élection d'un pasteur pour
celui d'Arras. Lambert réunit tous les suffrages ; mais son
humilité, semblable à celle des Paulin et des Ambroise,
résista longtemps à ce choix. Rome parla encore une fois,
et le nouvel élu, franchissant les monts, reçut l'onction
sainte des mains d'Urbain ii, successeur de Grégoire.

Revenu dans sa ville épiscopale, il choisit pour archidiacres d'Arras et d'Ostrevant, Jean et Clarembalde, tous
deux chanoines de Saint-Pierre, tous deux amis de Lambert, qui, en les nommant, satisfit à la fois la justice
et l'amitié. Les vertus apostoliques du prélat rendirent
à son diocèse une nouvelle ferveur, et appelé peu
après au concile de Clermont, où Urbain ii se préparait à prêcher la croisade, il recueillit les décrets
de cette assemblée illustre, et les transmit à la postérité
dans un livre où Baronius a puisé ses documents sur
cette époque. Revenu à Arras, il put bientôt faire succéder au zèle de la science le zèle de la charité. Un mal
contagieux se déclara dans cette contrée ; les anciens
auteurs le comparent à un feu dévorant, et ce mal, se ré-
pandant par tout le corps, dévorait les muscles et les
chairs, et faisait mourir le patient dans d'affreuses tortures :
ce fléau se nommait *feu Saint-Antoine*. Lambert, qui
portait pour ce peuple affligé un cœur de père, lui consacra
ses soins, ses aumônes, ses veilles ; et, digne imitateur du
souverain Pasteur qui a donné sa vie pour ses brebis,
se montra prêt à s'immoler pour son troupeau. Nuit et
jour, il gémissait devant Dieu, il adressait ses vœux à

la Mère de miséricorde, à Marie, qui toujours avait été le cher objet de sa confiance... il fut entendu. La Vierge daigna manifester sa bonté; et, demandant de la foi aux hommes, elle promit une entière guérison à tous ceux qui boiraient l'eau où auraient distillé quelques gouttes de cire, tombant d'un cierge remis par Marie à deux de ses serviteurs, en présence de l'évêque, dans la cathédrale d'Arras. Tous ceux qui burent avec foi furent guéris, et purent dire : « Heureux ceux qui ont cru ! » Ce miracle avéré, honoré dans l'Eglise, donna lieu à la confrérie nommée des *Ardents*, ou de la sainte Chandelle d'Arras[1]. Lambert, dont les prières avaient obtenu ces faveurs, s'acheminait, chargé d'ans et de travaux, vers l'heureuse éternité : ses jours avaient été pleins, et vers l'an 1115 il s'endormit en la paix du Seigneur. Sa mémoire fut révérée du peuple qu'il avait gouverné, et on visita longtemps son tombeau, qui portait l'épitaphe suivante :

« En l'année 1115, le 17 Mai, mourut Lambert, d'heu-
» reuse mémoire, évêque propre de ce siège d'Arras. Par
» lui fut rétablie la dignité de cet évêché, qui pendant
» long-temps avoit été soumis à l'évêque de Cambrai. Ce
» fut à ce prélat et à deux joueurs d'instruments, Itérius
» et Normannus, que la bienheureuse Vierge Marie est
» apparue en cette église, pour leur donner un cierge qui
» guérit les personnes atteintes du feu ardent. »

JEAN DE COMINES, chanoine de Saint-Pierre, évêque de Térouane.

Il naquit à Warneton, d'une famille obscure, mais adonnée aux bonnes œuvres. Il chercha, dès sa jeunesse,

---

[1] En 1490, on fonda à Lille, sur la petite place, une Chapelle sous l'invocation de N.-D. des Ardents, ou de la sainte chandelle. L'architecture en était remarquablement élégante. Elle fut démolie en 1651.

les secrets de la science et les secrets de la vertu, et il honora
le rang de chanoine, auquel Bauduin v l'éleva, par une
humilité profonde et un esprit de contemplation et de
prière; mais bientôt, lassé du joug du monde, il se rendit
à l'abbaye du Mont-Saint-Eloi, se dépouilla de ses dignités
et servit le Seigneur comme un simple religieux sous la règle
de saint Augustin. L'invitation de Lambert, évêque d'Arras, et les ordres positifs de ses supérieurs, le tirèrent
seuls de sa retraite; il remplit avec un zèle admirable la
charge d'archidiacre d'Arras dont son ami venait de le
revêtir. L'évêché de Térouane, depuis vingt ans troublé
par de tristes et scandaleuses querelles, avait besoin d'un
pasteur ferme et vigilant. Jean fut nommé. Ce siège épiscopal offrait plus de travaux que d'honneurs, plus de
soucis que de joie, aussi Jean l'accepta-t-il, comme un
champ fécond, dont le ciel lui ouvrait le chemin (1099).
Sa sévère douceur opéra de grandes réformes dans ce diocèse longtemps abandonné; et une Providence secourable
le préserva des haines que sa vigilance avait excitées. Usant
d'une sainte liberté, il défendit contre le roi de France
et contre l'archevêque de Reims les droits du diocèse de
Tournai, qui réclamait sa séparation d'avec celui de Noyon.
Il rétablit la discipline régulière dans plusieurs monastères, particulièrement dans l'abbaye de Saint-Pierre, du
Mont-Blandin à Gand [1], il fonda sur le territoire de
Furnes la puissante abbaye des Dunes et y établit Ligerius
pour premier abbé. Il eut le bonheur de rétablir l'union
entre le chapitre de Saint-Pierre et le comte de Flandre,
Guillaume le Normand, divisés à propos d'une question
de dîmes; et, touchant à la fin de sa carrière, consumé de

---

[1] Il entreprit cette réforme à la prière de Bauduin, comte de Flandre,
et avec l'assistance de Robert, abbé de St.-Bertin, 1117.

travaux, accablé d'austérités, mais portant une âme toujours jeune et virile dans un corps épuisé, il se coucha
pour ne plus se relever. Après avoir reçu les sacrements,
il donna ses biens aux pauvres, bénit une dernière fois
son peuple, qui s'empressait autour de lui, et après six
jours de maladie il rendit le dernier soupir, étendu sur
la cendre et le cilice. C'était le lundi, 27 de janvier 1130.
Après la mort, ce saint corps parut resplendissant de
clarté, et lorsqu'on le porta au sépulcre, il avait perdu sa
pesanteur, et semblait déjà léger, brillant et glorieux. Il
est honoré comme bienheureux.

FULCO ou **FOULQUES VAN UUTENHOVE,**
chanoine de Saint-Pierre.

JACQUES de Vitry prêchait par ordre du souverain pontife,
Innocent III, la croisade contre les Albigeois, dont les
doctrines, subversives de toute morale et de tout droit,
infectaient le midi de la France. Revêtu de la qualité de
légat, il vint en Flandre et convia chevaliers et barons à s'en-
rôler au moins pendant quarante jours sous la bannière de
Simon de Montfort, défenseur de la chrétienté. Alors (1210)
vivait à Lille un saint prêtre, nommé Fulco ou Foulques
Van Uutenhove, appartenant à une antique famille de
Gand et pourvu d'un canonicat de Saint-Pierre. Jacques
de Vitry l'engagea à se joindre à lui dans la prédication de
la croisade, et moitié par humilité, moitié par amour pour
la vie contemplative, qu'il avait choisie comme sa part et
son héritage, le chanoine déclina cette invitation. Cette
mollesse déplut au légat, et plein d'un zèle ardent, mais
peut-être indiscret, il s'écria : *je prie Dieu qui sonde les*
cœurs, qu'il vous rende inutile, non-seulement à ces fonc-
tions que vous rejetez, mais encore à toute autre.

Cette prière fut entendue par le Dieu qui éprouve et purifie l'âme de ses serviteurs, et qui les fait mourir à eux-mêmes pour leur faire trouver en lui une vie plus abondante. Dès ce jour, Foulques fut atteint d'une maladie épuisante et douloureuse; mais une force sublime anima l'âme logée dans ce corps abattu; la vertu brilla d'un plus vif éclat au milieu de ces langueurs; nouveau Job par la patience et par l'esprit d'oraison, Foulques se sanctifia en embrassant étroitement la croix qui l'accablait. Il vécut vingt-cinq ans dans un état de continuelle souffrance et de continuelle contemplation, et le jour de sa mort lui ayant été révélé par une vision céleste, il expira doucement, vers la fin d'août 1235 [1].

LETBERT, chanoine de Saint-Pierre.

Il écrivit le *Flores psalmorum*, commentaires inédits sur le Psautier. (*Voyez pour plus de détails le Catalogue raisonné des manuscrits de la Bibliothèque de Lille*, par M. Le Glay, p. 13). Letbert vivait au XIIIe siècle; il devint abbé de St.-Ruf, à Valence.

[1] Foulques Van Uutenhove fonda à Gand, en 1225, un hôpital pour les malades, en un lieu nommé Byloke. A côté de cette fondation s'élevait une abbaye de femmes de l'ordre de Citeaux, qui avait la direction de l'hôpital, desservi par des Frères et Sœurs du Tiers-ordre. L'abbaye est détruite; l'hôpital subsiste et il est desservi par des religieuses Augustines. (Steyaert, Description de la ville de Gand. 1838.)

Voici l'épitaphe de Foulques Uutenhove, relevée par Sanderus. (*Flandria illustrata*).

« In hoc vicino sacello B. Mariæ requiescit dominus Fulco Wttenhovuis, » qui ex hàc luce migravit anno Domini CDCCXL tertio kal. Septemb., ad ejus » sinistram vero pausat venerabilis domicella Truna Wttenhovia, ejusdem » Fulconis germana, quæ obiit a. D. MCCXLII. 4 kal. aprilis. qui favore incly- » torum Ferdinandi, et Joannæ Flandriæ comitum, inchoaverunt et fundarunt » hospitale et monasterium, unicum prefecto, atque supremum pauperum » infirmorum solamen atque refugium. Requiescant in pace. Amen. »

JEAN, prévôt de Saint-Pierre.

Il était fils de Guy, comte de Flandre, et devint évêque d'abord de Metz, puis de Liège. C'était un homme versé dans l'étude des saintes lettres et du droit canon; il écrivit les règlements de l'évêché de Liège, et convoqua un synode pour le bien de cette église; il mourut en 1290.

JEAN DE MONTREUIL, prévôt de la Collégiale de Saint-Pierre.

Attaché d'abord à la maison de Bourgogne, il eut occasion de passer ensuite au service du dauphin, depuis Charles VII, en qualité de secrétaire; c'est dans l'exercice de cet emploi qu'il fut assassiné à Paris, en 1418, par quelques furieux du parti bourguignon. On a de lui soixante-quatorze lettres adressées à différents personnages éminents, traitant les unes de littérature, renfermant les autres des documents curieux pour l'histoire de cette époque, si agitée et si dramatique [1].

FLORIS VAN DER HAER, chanoine de Saint-Pierre.

Il naquit à Louvain d'une famille originaire d'Utrecht, en 1547, et mourut à Lille en 1634. Il était chanoine de Saint-Pierre. S'adonnant à l'étude de l'histoire et des lettres, il publia l'*Histoire des chastelains de Lille, leur ancien état, office et famille; la Vie de Baudwin de Lille*, et en latin : *De initiis tumultuum belgicorum*. Ses ouvrages sont cités encore aujourd'hui comme une autorité respectable, en ce qui concerne l'histoire de Flandre. Honoré de la confiance de ses souverains, Van der Haer fut souvent

---

[1] Nous empruntons cette notice à l'excellente brochure de M. Lebon. *Notice sur les Historiens de la Flandre française*.

délégué pour présider au renouvellement des magistrats de la ville de Lille [1]. Il était trésorier du chapitre et laissa un état des biens et charges de la Collégiale (*Manuscrit de la bibliothèque*).

WALLERAND DE CRUDENARE, chanoine de Saint-Pierre.

Il écrivit la relation des miracles de Notre-Dame de la Treille (1536).

TOUSSAINT CARETTE, chapelain de Saint-Pierre.

Il écrivit le *Recueil de plusieurs choses remarquables, tant chroniques que plusieurs choses notables, advenues en notre temps.* 1575. (Manuscrit de la bibliothèque).

VALLERAND DE HANGOUART, doyen de Saint-Pierre.

Il devint, par la suite, prévôt de St.-Amé, à Douay. C'était un théologien habile; Charles-Quint l'honora de sa plus intime confiance et le fit son aumônier. Ses frères, Guillaume et Roger, se distinguèrent dans la diplomatie et la jurisprudence.

HUBERT LECLERCQ, prêtre, chapelain de l'église collégiale.

Il composa un poëme sur les *sept Psaumes de la Pénitence*, des élégies et quelques épitaphes. Ses œuvres furent imprimées à Tournay, en 1610. Il mourut en 1615, âgé de 84 ans et fut enterré dans l'église de Saint-Pierre.

JEHAN DE LACU, chanoine.

Il composa un petit poëme de 200 vers, intitulé *Quenoïlle spirituelle.* Cet ouvrage est fort rare aujourd'hui.

[1] Voir M. Lebou.

COSTUME DE CHANOINE ET CHANTRE
de St Pierre en 1634.

(Robert Imbert , Ecuyer , Seigneur de Velhan)

I. Defort à Lille

JEHAN MICLOT, chanoine de Saint-Pierre.

Il vivait au xve siècle, et fit, par ordre de Philippe-le-Bon, une traduction française des *Actes de saint Adrien.*

BALTHAZAR D'AVILA, chanoine de Saint-Pierre.

Né à Lille en 1591 ; il résigna son canonicat pour entrer dans l'ordre des Minimes, et il fut, en 1649, élevé à la dignité de général. On a de lui l'ouvrage intitulé : *Manipulus Minimorum*, imprimé d'abord à Lille, puis à Gênes. Il mourut à Lille en 1668.

ROBERT IMBERT, chanoine, grand-chantre.

Robert Imbert, écuyer, seigneur de Vethan, était fils de Nicolas, écuyer, seigneur de la Fallecq, Basecq, etc., et de Jacqueline Muette, qui descendait, par sa mère, de l'illustre maison de Lannoy ; il naquit en 1580.

Il fut destiné, dès son enfance, à l'état ecclésiastique et fit des études fortes et solides. Nous voyons qu'il devint plus tard licencié-ès-lois, prêtre, chanoine et chantre de la collégiale de Saint-Pierre. Son goût naturel le portait vers les arts, cultivés par un de ses parents, N... Muette, artiste amateur, qui nous a laissé dix gravures sous le titre : *Les dix pénitents*, dont M. Arthur Dinaux fait l'éloge [1]. La mémoire de Robert Imbert fut sans doute pour Muette un exemple salutaire dont il profita. Les dignités dont il était revêtu lui permirent de donner un libre cours à son goût pour l'étude ; il aimait surtout à propager ce goût noble et élevé. Il fit, dans ce but, quelques présents de livres au couvent des Frères prêcheurs

---

[1] Dans la brochure, si savante et si curieuse, intitulée Iconographie lilloise, *page* 19. — D'après le Catalogue de M. Libert de Beaumont, *page* 80, n° 960, et d'autres sources.

✝ ✝   9

de Saint-Dominique de Lille, où son nom figurait parmi ceux des bienfaiteurs.

La piété de cet homme de bien était remarquable et paraît avoir été appréciée de tout le monde. Il avait une confiance toute particulière dans la sainte Vierge, et lui adressait souvent ses prières. Cette piété devint si connue qu'on la mit en évidence dans cette circonstance. Le culte de Notre-Dame de la Treille, un peu ralenti par le cours des années, eut besoin, en 1603, d'être encouragé par Messieurs les chanoines, lesquels trouvèrent bon de remplacer l'ancienne administration de cette Confrérie, confiée jusqu'alors à une seule personne, par un conseil dont les membres étaient choisis et dans le Chapitre et parmi les séculiers. M. Robert Imbert fut élu, vers 1630, parmi les ecclésiastiques, et fit ainsi partie de la seconde administration. Le P. Vincart (88 et 89) ajoute en son style fleuri : « Nous pouvons dire que le haut lustre » des personnes, et les éclats des profusions et des munifi- » cences, se sont montrés comme dans un plein théâtre, » avec l'applaudissement de tous les peuples et les bénédictions » du Ciel. »

Nous retrouvons l'expression de sa pensée sur la sainte Vierge et l'image de sa vie, dans l'inscription tracée sur sa tombe :

« Lequel a fondé, en cette dite église, une messe tous les jours de l'an, à célébrer par Messieurs les chanoines, et une autre chantée, chaque semaine de l'an, à l'honneur des sept douleurs de Notre-Dame, en sa chapelle dite de la Treille, avec distribution à sept pauvres, présents à ladite messe, de quatorze patards chacun. »

Ces dispositions paraissent avoir eu un double but, celui d'invoquer l'intercession de la sainte Vierge pour lui-même, et celui d'étendre sa foi à ses concitoyens ; de populariser et d'éterniser à la fois sa dévotion.

En 1634 on peignit son portrait ; il avait alors 54 ans ; on le représente à genoux dans son oratoire, ayant les mains jointes ; il est revêtu d'une chappe et des ornements de chanoine et chantre de la Collégiale ; son bâton de chœur est appuyé sur son épaule droite ; derrière lui, à ses pieds, on remarque une mitre, et debout saint Robert, son patron, tenant une crosse de la main droite et une petite chapelle de la main gauche, emblème distinctif qu'on réservait alors aux fondateurs. Bauduin, comte de Flandre, fondateur de saint Pierre, représenté avec Alise sa femme, tient une petite chapelle semblable à celle dont il est question (MARTIN 67). Thierry d'Alsace porte dans sa main gauche un petit édifice pour rappeler la fondation du monastère de Watine (MARTIN 83).

A qui doit-on appliquer la fondation indiquée dans ce portrait? Est-ce au pieux chanoine ou à son patron ? Au premier abord on pourrait s'y tromper, surtout en connaissant ses œuvres ; mais, en étudiant la question, il paraît évident qu'on a voulu distinguer saint Robert, premier abbé de Chaise-Dieu, mort le 17 avril 1067, de saint Robert, abbé de Molesme, premier auteur de l'ordre de Cîteaux, en 1098, mort le 22 mars 1108, auquel paraît s'appliquer notre tableau.

Robert, seigneur de Vethau, mourut le 21 juin 1645, et fut enterré devant la chapelle paroissiale de Saint-Pierre, laissant à ses successeurs la tâche difficile d'imiter sa piété. Mais elle ne parut pas insurmontable à tous ; car M\elle Michelle Imbert de la Phalecque, son arrière petite-nièce, donna l'exemple d'une abnégation complète et consacra sa vie tout entière au service des pauvres ; elle était tellement vénérée des personnes pieuses de son temps qu'elle mourut en réputation de sainteté, et que ceux qui, de nos jours, ont

lu sa vie, partagent généralement cette opinion. Son portrait
est soigneusement conservé dans sa famille.

La nièce de cette dernière, Marie-Anne-Lucie Imbert,
élevée sous ses yeux, reçut d'elle les principes d'une religion éclairée, et la reconnaissance, inspirée par de tendres
soins, lui fit écrire avec vérité et élégance les faits les plus
curieux de la vie de sa tante. On rapporte plus haut, dans
cet ouvrage, comment elle fut cause, par la solennité de ses
vœux, de la résolution que prit Joseph-Clément d'entrer dans
les ordres. Elle mourut religieuse de l'abbaye d'Avenay. On
a son portrait sous le costume de sainte Marie-Madeleine.

Robert Imbert portait un écusson d'azur à une bande
d'argent, chargée en chef d'un lion de gueule et accom-
pagnée de deux étoiles à cinq raies d'argent, l'écu entouré
d'une guirlande de feuillage avec une cartouche, portant
cette devise : *Fœcundat imber* [1].

HUGUES DE LOBEL, licencié-ès-lois, chanoine de Saint-Pierre.

Il naquit en 1629 et fut nommé chanoine en 1662. Son
zèle, ses talents et sa piété rendirent à la Collégiale des services infinis. Il a laissé deux manuscrits remarquables ; l'un
sur les prévôts et dignitaires de Saint-Pierre, l'autre sur la
législation alors en vigueur [2].

Ami des arts, il appela chez lui et garda pendant une
année, dans sa maison, le célèbre sculpteur anversois
Quillinus ou Quillyns, et lui fit exécuter les bustes de

[1] Voyez pièces manuscrites, généalogies, tableaux, etc. — Hist. de Notre-
Dame de la Treille, 1843, page 57. — Richard, Hist. des Dominicains, page 105.
— Le Glay, Mém. sur les bibliot., page 28. — J. Vincart, Hist. de Notre-Dame
de la Treille, 1671, pages 88-89. — A. Dinaux, Iconograp. 19. — Catalogue de
M. Libert, page 80, n° 960. — D^re de l'Advocat, § Robert.

[2] Ces manuscrits font partie de la bibliothèque de M. Vander Cruisse, arrière-
petit-neveu du chanoine De Lobel.

Lith. de F. Robaut à Douai

Le Chanoine Hugues DELOBEL.

L. Dejont à Lille

Le Chanoine Gabriel DE GARSIGNIES, Écolâtre.

L. Lefort à Lille

saint Pierre et de saint Paul, qui ornent actuellement le
chœur de l'église de Saint-André, et deux bas-reliefs en
marbre blanc, qui, échappés également au vandalisme de
93, décorent aujourd'hui l'église de Marcq-en-Barœul.
Serviteur dévoué de Marie, le chanoine De Lobel contribua
beaucoup à la splendeur du culte de Notre-Dame de la
Treille. Il était un des administrateurs de sa chapelle. Il
mourut en 1697, laissant une réputation méritée de talent
et de vertu. Il était enseveli devant la chapelle de Saint-
Pierre. Le frère de Hugues De Lobel, supérieur des Dominicains, fit construire à ses frais la façade de leur
église, qui passait pour un des plus beaux morceaux d'architecture que possédât la ville de Lille.

GABRIEL-MARIE DE GARSIGNIES, chanoine-écolâtre.

Gabriël-Marie de Garsignies, fils de M. Louis Cardon
de Garsignies et de Mᵐᵉ Marie de Muyssart, naquit en
1727, et fut baptisé en l'église collégiale de Saint-Pierre.

Sa vocation le porta vers l'état ecclésiastique, et en
1752, il fut ordonné prêtre par le célèbre archevêque de
Paris, Christophe de Beaumont. Nommé chanoine de Lille
en 1772, il remplit avec distinction la charge d'écolâtre
qui lui fut conférée, et qui lui donnait la haute surveillance du collège et des écoles de la ville. Doux, pieux,
bienfaisant, plein d'urbanité et de lumières, il fut cher
à ses contemporains, utile à sa ville natale par son zèle
et ses talents, utile à la religion par sa prudence dans
l'art difficile de la direction des âmes. Les sentiments
que lui inspirait sa piété survivent dans un ouvrage qu'il
composa et qui fut donné au public par son neveu,
M. Cardon de Montreuil, de vénérée mémoire, sous le
titre de *Nouvel Ange conducteur*. M. de Garsignies fut

nommé grand-vicaire et grand pénitencier du diocèse de
Tournay, et il termina sa carrière en 1786. Il est arrière-
grand oncle de Mgr de Garsignies, actuellement évêque
de Soissons, et de M. Alph. de Lencquesaing, récemment ordonné prêtre au séminaire de Saint-Sulpice.
On est heureux de trouver héréditaires dans cette famille
l'amour du bien et le dévouement sacerdotal.

NOMS DES MEMBRES DU CHAPITRE DE SAINT-PIERRE,
ÉLEVÉS AUX DIGNITÉS ECCLÉSIASTIQUES.

PARMI LES PRÉVÔTS : Didier (an 1169), fils du Châtelain
de Courtray et de Sara de Lille, élu évêque des Morins ou de
Térouane, après la mort de Milon. On lit dans le catalogue
des évêques des Morins : Après le célèbre Milon le jeune,
l'église des Morins, privée de pasteur, désira d'un ardent
désir d'avoir pour évêque Didier, prévôt de Saint-Pierre de
Lille et archidiacre du diocèse de Tournay : *Seigneur, vous
lui avez accordé le désir de son âme.* Il eut pour successeur
en la prévôté et en l'épiscopat, son frère Robert. — Gérard
d'Alsace, fils de Thierry d'Alsace, et frère de Philippe d'Alsace, tous deux comtes de Flandre. Il devint chancelier du
comté de Flandre; mort en 1205. — Jean, fils de Guy,
comte de Flandre, devint évêque d'abord de Metz, puis de
Liége. Pierre de Monturier ou de Monturie, né à Limoges,
neveu d'Innocent VI, prévôt de St.-Pierre, devint évêque de
Pampelune, cardinal du titre de Ste.-Anastasie et vice-chancelier de la sainte Église romaine; mort en 1385. — Jehan
Lavantage, prévôt de St.-Pierre, puis évêque d'Amiens,
1434. Jean, fils de Jean-sans-Peur, duc de Bourgogne,
prévôt de St.-Pierre, chancelier de Flandre, puis évêque de
Cambrai, 1437. — Fortigas de Placentia, né à Bruges, prévôt de St.-Pierre, puis évêque d'Arras, 1438. — Jacques

de Coïmbre, de la maison royale de Portugal, prévôt de St.-
Pierre, puis évêque d'Arras, élevé plus tard au siège archié-
piscopal de Lisbonne, 1452. — Louis de Bourbon, prévôt
de St.-Pierre, puis évêque et prince de Liége, 1456. —
François de Melun, prévôt de St.-Pierre, occupa successive-
ment les sièges d'Arras et de Térouane, 1508. — Cornille de
Berghes, prévôt de St.-Pierre, puis prince-évêque de
Liége, 1538. — Gilbert d'Oignies, prévôt de St.-Pierre,
puis évêque de Tournay, 1565. — Engelbert Desbois, prévôt
de St.-Pierre, puis évêque de Namur, 1629. — François
Vilain de Gand, des princes d'Isenghien, prévôt de St.-
Pierre, puis évêque de Tournay, 1647. — A. d'Hervilly de
Devise, prévôt de S.-Pierre, puis évêque de Boulogne, 1742.

PARMI LES DIACRES : Didier, 12.ᵉ abbé du Mont-St.-Eloi,
1208. — Guillaume Giffort, élu archevêque de Rheims,
1623.

PARMI LES CHANTRES : Lambert de Guines, premier évêque
d'Arras, 1093.

PARMI LES CHANOINES : Jean, évêque de Térouane, 1099.
— Clarembault, évêque de Senlis. — David Kearn, Irlandais de naissance, archevêque de Cashel, en Irlande ¹, 1603.
— Corneille Jansénius, né à Heerdam, en Hollande, évêque
d'Ypres, auteur des cinq fameuses propositions, 1635.

—◇—

DES PRÉVOTS ².

La Collégiale de Saint-Pierre avait un personnel nombreux, à la tête duquel se trouvait le prévôt, chef honoraire

¹ Cashel, comté de Tipperary, en Irlande, 26 lieues de Dublin. On sait
que Lille possédait une pieuse fondation en faveur des jeunes gens irlandais
et catholiques, qui se destinaient à la prêtrise. Cette maison, appelée des
Hibernois, était située près du pont qui garde encore ce nom.

² Les Notices sur les Prévôts de Saint-Pierre sont dues à l'obligeante collabo-
ration de M. J. De P.

du Chapitre, et qui avait charge d'âmes et de juridiction sur toute l'église de Saint-Pierre.

Les personnages qui se virent revêtus de cette haute dignité furent, presque tous, distingués par leur vertu, leur science, leur naissance ; et nous avons vu un grand nombre d'entr'eux élevés à l'épiscopat.

Les prévôts furent élus depuis 1055 jusqu'en 1681, et envoyés ensuite en possession ; ils étaient quelquefois nommés par provision, collation ou lettres apostoliques, accordées par le Pape. De ce nombre furent Jehan de Bourgogne, 28.ᵉ prévôt, en 1437 ; Eustache de Cailleux, 30.ᵉ prévôt, en 1439.

La nomination par autorité royale fut réclamée par Philippe II, en 1562, en faveur de Gilbert d'Oignies ; mais le Chapitre, conservant en présence du monarque, le plus altier et le plus despote, un remarquable esprit d'indépendance, considéra ce droit, que s'arrogeait le roi d'Espagne, comme une usurpation. Il déclara que la conscience et le devoir lui défendaient d'admettre le protégé du roi. Mais Gilbert, réunissant les qualités propres à la dignité prévôtale, fut, croyons-nous, librement élu par le Chapitre.

Louis XIV, roi de France et conquérant de la Flandre, n'eut pas besoin de faire valoir ce double droit pour assurer la prévôté à M. Bochard de Champigny ; depuis cette époque, les prévôts tinrent leur nomination du souverain.

Les différentes manières d'arriver à ce poste éminent nous donnent une idée assez juste des époques parcourues par la série des prévôts. Le Chapitre d'abord, c'est-à-dire le clergé local, est seul électeur, et son pouvoir est tempéré, modéré par celui du Saint-Siége ; la loi vient ensuite et permet aux prévôts de prendre possession par procureur ; enfin l'autorité royale domine toutes les autres, jusqu'au moment où l'électeur et l'élu disparaissent à la fois dans le tourbillon révolutionnaire. Les derniers vestiges de l'institution qui nous occupe disparaissent tous les jours, car tous les jours les contemporains s'éteignent, et les monuments les plus célèbres, oubliés, réduits en poussière, ne servent qu'à nous montrer la fragilité de l'homme et l'impuissance de sa volonté.

Le revenu du prévôt était égal à celui de trois prébendes; il avait la collation d'un certain nombre de canonicats en l'église de Saint-Pierre, droit de présentation et de provision à la cure de ladite église, à celle de Saint-Etienne, de Sainte-Catherine, de Saint-André et de la Madeleine; il présentait également l'aumônier pour la maladrerie du Pont-de-Canteleu. Il était tenu de résider à la prévôté, et lorsqu'il était absent, il était obligé d'envoyer des lettres testimoniales, afin de jouir de ses privilèges. Ces lettres, en cas de longue absence, devaient être renouvelées tous les ans.

CATALOGUE DES PRÉVOTS.

I.   1055. – FULCARD. – 1080.

Fulcard ou Fulcart, *Fulcardus*, prévôt de la collégiale de Saint-Pierre, en 1055, (avant la construction des bâtiments nécessaires à cette nouvelle institution) est le premier qui posséda cette dignité; son canonicat se composait de dix-huit manses de terre, de l'autel de Saint-Etienne et d'autres domaines. Il fit tous ses efforts pour conserver à l'église les droits et les donations qu'elle avait reçus, aussi bien que le Chapitre, de la munificence du fondateur; ce qui était alors fort difficile.

10

Fulcard sollicita, dans ce but, sa Sainteté le pape Grégoire VII, et en obtint, en 1074, une bulle qui après avoir confirmé les donations faites à l'église de Saint-Pierre, par le comte Bauduin, disait : « Si quelqu'un, soit rois,
» empereurs, ducs, comtes ou juges séculiers, était assez
» hardi pour prendre, diminuer ou retrancher par quel-
» que motif que ce puisse être, aucune partie des biens
» donnés ou qui pourront être donnés dans la suite, qu'il
» soit déchu de la puissance et des honneurs qui lui sont
» dus, et qu'il soit privé du sacré Corps et du sacré
» Sang de Jésus-Christ, jusqu'à ce qu'il ait restitué, ou
» qu'il en soit puni au jour du jugement [1]. »

Sa vigilance ne pouvait prendre trop de précautions contre l'avidité des laïques. Une lettre apostolique du même pape, aussi de 1074, lui enjoignit de ne recevoir qui que ce soit pour chanoine, à moins qu'il n'ait fait preuve de sa naissance en mariage légitime.

Fulcard mourut dans l'exercice de sa dignité, le 4 avril 1080, après avoir dirigé la prévôté pendant vingt-cinq ans.

II. 1080. – GAUTIER. – 1095.

Guater, Gautier, *Galterus*, archidiacre de l'église cathédrale de Tournay, fut élu le second prévôt en 1080 et succéda à Fulcard ; nous ignorons le nom de sa famille, son histoire et les actes de son administration ; il mourut le 11 novembre 1095, après avoir dirigé la prévôté pendant 15 ans [2].

[1] Voyez Man. De Lobel, 87 R.° 57 - 59. 6. — Wartel, 67. — Le Glay, Cameracum 116. — Legroux, man. hist. n.° 150.

[2] Man. De Lobel, fol. 87, R.° — Le Glay, Cameracum 116. — Legroux, man. hist. n.° 150.

III.   1095. – ROBERT. – 1132.

Robert, *Robertus*, *Robinus*, de Lille, fils de Roger, châtelain de Lille et probablement de sa femme Ogive. Il fut archidiacre de la cathédrale de Tournay et succéda à Gautier, dans la prévôté de la collégiale de Saint-Pierre de Lille, en 1095. Lambert, évêque de cette première ville, donna et confirma, à sa prière, en 1120, la collation de l'autel de Flers, à l'arbitrage des chanoines de Saint-Pierre; Simon, successeur de Lambert, y ajouta encore, quelque temps après, en 1124 et 1132, les autels de Sghedin, de Campinghem, de Quesnoy et de Prémesque.

Robert, par ses goûts et son caractère, avait gagné l'affection de Gautier, évêque de Maguelone, son parent, qui était né à Lille et fut célèbre comme écrivain; il ajouta une préface aux fleurs des psaumes (*de floribus psalmorum*) et l'adressa à Robert, troisième prévôt du Chapitre de Lille.

Il me reste à faire remarquer, avant de terminer cet article, qu'il ne faut pas confondre Robert, prévôt de Saint-Pierre, avec son neveu Robert, fils de Roger (le jeune), châtelain de Lille, son frère présumé. Ledit neveu fut châtelain jusqu'en 1150 ou environ, et figure dans quatre chartes rapportées par Vander Haer; il n'y prend jamais la qualité de prévôt; plusieurs de leurs dates sont postérieures à la mort du prévôt Robert (l'oncle) qui arriva le 16 avril 1132 [1].

---

[1] Voyez Man. De Lobel, 87, R.° — Montlinot, 67. — Vander Haer, 190, 191, 215. — Moreri, art. Gautier, 107. — Dibos, 101. — Le Glay, Camer. 116. — Legroux, man. hist. n.° 150.

IV.   1134. – DIDIER. – 1169.

Didier, *Desiderius*, fils du châtelain de Courtray et de
Sarre de Lille, était petit neveu de Robert, troisième prévôt, il fut élu archidiacre et chancelier de la cathédrale
de Tournay, et quatrième prévôt, vers 1134, de Saint-
Pierre de Lille, après une vacance de deux ans (de 1132
à 1134). Il eut des relations avantageuses pour son église
avec le pape Célestin II ; il en reçut en 1143 un bref
par lequel il obtint la protection du Saint-Siège pour tous
les biens actuels de la Collégiale et pour ceux qu'elle
pourrait accepter.

Didier s'était fait distinguer par son mérite personnel
et par sa naissance, et désigné pour être élevé aux dignités ecclésiastiques. Il fut promu, en 1169, à l'évêché de
Térouanne et devint le trente-troisième prélat de ce siège.
Il fonda en 1186 l'abbaye de Blandecq où il appela des
religieuses de Cîteaux ; se démit de l'épiscopat en 1192, à
cause de son grand âge et mourut de vieillesse en 1194 [1].

V.   1169. – ROBERT. – 1188.

Robert, *Robertus*, *Robinus*, fils du châtelain de Courtray et de Sarre de Lille, était le frère de Didier. Il
devint archidiacre de la cathédrale de Tournay et prévôt
de la Collégiale de Saint-Pierre en 1169, par résignation
de son frère [2]. Il prit la défense des droits du Chapitre

[1] Voyez Vander Haer, 191. — Man. De Lobel, 87, R.° — J. Vincart, 24.
— Le Glay, Cameracum. 116. — Legroux, man. hist. n.° 150.

[2] Voyez Vander Haer, 191. — Jouffroy, 143. — Armorial man. A. 19, 3.
— Le Glay, Cameracum 116. — Legroux, man. hist. n.° 150.

contre Jehan , châtelain de Lille , son parent , qui avait
fait arrêter et mettre en pr son un hôte de Saint-Pierre.
Robert le fit délivrer , et ce différend fut décidé par jugement rendu en 1212 par M. , chantre et G. , écolâtre ,
chanoines de Tournay, et G. , prieur de Fives. Les châ-
telains de Courtray prirent un écu d'argent ou d'or (ARM.
MIST. A. 19. 3.) à quatre chevrons de gueule.

VI.   1188. – GÉRARD DE MESSINES. – 1196.

Gérard de Messines , *de Mecinis* , devint prévôt de Saint-
Pierre à Lille , vers 1188 , c'est en cette qualité qu'il
fit un accord avec le Chapitre , en 1190 , sur plusieurs
articles qui ne sont pas parvenus jusqu'à nous ; c'est aussi
en 1190 qu'il donna la maison et les étables du prévôt,
qui provenaient de Didier , l'un de ses prédécesseurs. Il
régla quelques détails relatifs à la célébration des cérémonies religieuses et à l'usage des prébendes qui y étaient
attachées.

Il parait encore en 1192 , et suivant M. le Chanoine
De Lobel en 1196 , c'est la dernière date connue [1].

VII.   1192. – GÉRARD D'ALSACE. – 1202.

Gérard d'Alsace , *Elsatius* , était fils de Thierry , comte
de Flandre et de Sybille d'Anjou , sa seconde femme ,
suivant Moreri et Martin ; mais Panckoucke et le P. An-

[1] La ville de Messines porte d'azur a une fleur-de-lis à l'antique d'argent;
et Gérard de Messines son homonyme, qui paraît dans une charte en 1242,
porte une fleur-de-lis dans son sceau. — Voyez man. De Lobel, 87, R.º —
Recherches sur les fleurs-de-lis. — Almanach de Bruges, 1776, page 222.
(en flamand.) — Le Glay, Cameracum 116. — Aux Archives du départ.
du Nord, chartes de 1188, 1190, 1242. — Legroux, man. hist. n.º 150.

selme font observer qu'il était illégitime, et que le comté de Flandre lui eût appartenu, s'il eût été légitime, après la mort de Philippe, auquel il a survécu quatorze ans ; O. Dewrée prouve par des chartes qu'il prenait lui-même cette qualité.

Gérard, homme religieux, élevé dans le monastère de Loos, y fit des études littéraires, fut d'abord sous-diacre, prévôt de la collégiale de Saint-Pierre de Lille, obtint ensuite la même charge dans les collégiales de Saint-Donatien, à Bruges, de Saint-Omer et de Furnes ; il était aussi chancelier de toute la Flandre.

Gérard laissa à Lille, dans la prévôté de Saint-Pierre, des traces de son administration ; il ajouta à ses prérogatives et à celles de ses successeurs quelques droits sur la collation des prébendes.

Ce prévôt parait avoir été un personnage politique ; il s'était fait aimer des Flamands et avait acquis un fort grand crédit ; il en usa pour mettre sa sœur naturelle, Marguerite, comtesse de Hainaut, en possession des principales villes de Flandre et la faire reconnaître dans tout le pays.

Il mourut le 24 janvier 1205 et fut enseveli à l'abbaye de Loos, près de Lille [1].

O. Dewrée nous a transmis le sceau gravé de Gérard ; il portait cette inscription : *Sigillum, Gerard, insulensis prepositi*, verso *secretum* (*sceau de Gérard, prévôt de Lille, revers sceau secret.*) Il porte un lion pour écu ; ce qui est de nature à confirmer l'opinion de ceux qui pensent que ce n'est pas Philippe d'Alsace, comme le dit Cornil Martin, qui changea l'écu de Flandre an-

---

[1] Il se souvint toujours de son ancienne résidence, et y fit assez de bien, pour que son nom fût mis dans le nécrologe et qu'on recommandât son âme tous les ans dans le Chapitre.

cien, qui était gironné d'or et d'azur de douze pièces, à l'écu de gueule, brochant par dessus, en un écu d'or, au lion de sable, armé et lampassé de gueule, mais bien Thierry d'Alsace, son père.

On remarque que le blason, qui n'était d'un usage général dans les sceaux que, depuis environ l'an 1194, n'avait pas encore admis les brisures; car Gérard, bien certainement bâtard, n'en portait pas [1].

VIII.   1205. – GUILLAUME DE MESSINES. – 1209.

Guillaume, Willelemus ou Willielemus de Messines, fut le huitième prévôt de la collégiale de Saint-Piere ; il était probablement de la même famille que Gérard de Messines, sixième prévôt.

On fait mention de lui en 1205, et dans l'obituaire et le livre enchaîné, en 1206; il était remplacé en 1211 [2].

IX.   1209. – ROBERT DE MEHUN. – 1213.

Robert de Mehun, de Magdin, en latin Robertus de Magdino, Magduno, fut d'abord trésorier de la cathédrale de Tours; il devint ensuite, vers 1209, prévôt de la Collégiale de Saint-Pierre, à Lille. Il provoqua une décision du Chapitre qui ordonnait au chapelain de célébrer à perpétuité la messe tous les jours, de grand matin, et de

[1] Voyez man. De Lobel, 87, R.° — O. Devrée, I. 23-24, 188-199. — Panckoucke, 101. — J. Vincart, 24. — Le Glay, Cameracum 117. — P. Anselme, Hist. gén. II. 722. — Butkens, édit. 1637, page 150. — Martin, Gén. 12 et 13. — Legroux, man. hist. 150. — Histoire de l'ab. de Loos, Bib. de Lille, n.° 146. man. I. 160-161. II.

[2] Voyez Man. De Lobel, 87, v.° — Le Glay, Cameracnm 117. — Legroux, man. hist. n.° 150.

rappeler aux assistants la mémoire d'Adèle , femme du
comte Bauduin, fondatrice de la collégiale de Saint-Pierre ,
et d'indiquer un *Pater* et un *Ave* pour le repos de leurs
âmes , ainsi que pour celui des desservants et bienfaiteurs de cette église , morts ou même pour les vivants.
Tous les chanoines , diacres , sous-diacres, acolytes signè-
rent cet acte et l'on affecta un certain nombre de prébendes à son exécution. On le retrouve encore en 1211
et même en 1213.

La famille des Mehun descendait d'un prince de la maison de Vierzon , laquelle tirait son nom de Humbaud de
Vierzon , surnommé *le Tortu*, qui vivait en 991.

La maison de Mehun portait d'azur au chef d'or chárgé
d'une fleur-de-lis de gueule.

X.   1214. – AIMERIC DE VIGILLES. – 1217.

Aimeric de Vigilles , en latin Almaricus de Vigillo ,
Vigillà , etc. devint prévôt de Saint-Pierre de Lille ,
le 17 avril 1214 ; il figure sans date dans l'obituaire
consulté par le chanoine De Lobel , et ne nous a laissé
aucune trace de son administration [1].

XI.   1217. – PHILIPPE. – 1219.

Philippe, d'une naissance inconnue , devint prévôt en
août 1217 , et nomma des arbitres, avec le Chapitre ,
qui jugèrent définitivement les questions litigieuses surve-
nues entr'eux.

---

[1] Voyez Man. De Lobel, 87 v.° — Du Bouchet, Hist. de la mais. de Cour.
tray , 103, 104 et suiv. — Le Glay, Cam. 117. — Legroux , manus. n.° 150.

[1] Voyez Man. De Lobel, 87. v.° — Le Glay, Camer. 117. — Legroux ,
man. n.° 150.

Philippe ne fut pas longtemps prévôt , car nous voyons que son successeur Guillaume du Plouich écrivit une lettre en 1219 à saint Dominique et qu'il était prévôt en novembre 1218 [1].

XII.   1218. – GUILLAUME. – 1236.

Guillaume du Plouich ou Willames, Willaume, Willelmus , Guillelmus, troisième fils de Jean , châtelain de Lille et de Mehaut de Béthune , dame de Poutruart , Meulebeke et Blarenghem [2], parvint en 1229 à faire décharger la trésorerie de l'entretien des toits et verrières de la Collégiale , comme cela avait toujours eu lieu ; depuis cette époque l'église ou la fabrique pourvut seule à cette dépense.

Mais la Providence réservait à ce prévôt une plus grande destinée. Le comte Fernand qui dans sa captivité recevait , du temps de Guillaume , les consolations des Dominicains , engagea les chefs de cet ordre à envoyer en Flandre quelques religieux. La comtesse Jeanne , informée des pieuses intentions de son mari , en demanda pour la ville de Gand. Ils partirent donc de Paris afin de se rendre à Gand. Guillaume du Plouick , prévôt de Saint-Pierre , ayant appris leur projet , écrivit en 1219 à saint Dominique, fondateur de leur ordre , pour obtenir quelques-uns de ses frères ; mais ce Saint qui n'avait pas encore assez de religieux pour satisfaire à l'empressement de tous ceux qui lui en demandaient, se contenta de charger les Pères qu'il envoyait à Gand de prêcher à Lille , ville qui se

[1] Voyez Man. De Lobel , 87 v.° — Le Glay, Cameracum 117. — Legroux , man. n.° 150.

[2] *Willelmus de Gandave*, Guillaume de Gand.

11

trouvait sur leur route. Reçus chez les nobles et chez les bourgeois, ils se firent admirer de tout le monde par la gravité de leurs mœurs, par leurs vertus, par la pauvreté de leurs vêtements, la modestie de leur maintien et la sagesse de leur conversation ; ils prêchèrent avec tant de zèle, d'édification et de fruit, que le peuple forma le dessein de les retenir. Guillaume fit ses efforts ainsi que le Chapitre pour y parvenir ; ils songèrent au moyen de leur bâtir un monastère à Lille. Mais afin de pas mécontenter la comtesse Jeanne, on lui écrivit pour lui faire connaître les motifs du retard des frères, et on la supplia de permettre qu'ils restassent. Jeanne qui voyait avec plaisir se propager les établissements religieux et se multiplier pour le peuple les enseignements de la vertu, accorda cette demande sans difficulté. Mais le plus grand obstacle n'était pas vaincu ; saint Dominique n'avait autorisé que le séjour éphémère de ses prédicateurs ; il toléra cependant la prolongation de leur mission. Les Dominicains restèrent donc à Lille, et on en fit venir d'autres pour la ville de Gand.

Guillaume, secondé par les doyen et chanoines de Saint-Pierre, s'adressa encore par lettres à saint Dominique, en le priant d'autoriser ses religieux à se fixer à Lille et à y commencer la construction d'un monastère ; il l'assurait en même temps que les bienfaiteurs ne manqueraient pas pour élever et alimenter cette fondation. Le saint homme fut rappelé au ciel le 6 août 1221, avant d'avoir pu satisfaire au désir du prévôt et prendre une décision au sujet de la maison de Lille ; mais Guillaume, informé que le bienheureux Jourdain venait d'être mis à la tête de l'Ordre des frères prêcheurs, ne cessa d'intercéder auprès de lui, jusqu'à ce que sa requête lui fût accordée. Jourdain, appréciant le zèle pieux du prévôt, accorda en 1224 ce qui lui était demandé. Guillaume aurait voulu établir le monastère dans l'enceinte de la ville, mais l'exiguité de la cité obligeait le magistrat [1] à ne permettre aucune nouvelle construction à l'intérieur. Le prévôt se vit donc forcé de faire acheter par le Chapitre un lieu convenable dans le faubourg, mais contre les murs, du côté de la porte Saint-Pierre, et là ce monastère, libre de tout droit paroissial, fut bâti sous l'invocation de saint Jacques.

Guillaume du Plouich ne se contenta pas d'une OEuvre aussi importante, il fonda encore en 1222 la chapelle de Saint-Jean l'Evangéliste, dans l'église de Saint-Pierre, pour l'âme de Jean, évêque de Cambrai, son parent, qui était de la maison de Béthune et seigneur de Choques, dont il prenait le nom en 1214, lequel avait été quarante-septième évêque de Cambrai et seizième comte du Cambrésis [2].

Guillaume devint châtelain de Lille en 1229, après ses frères aînés morts sans enfants, et posséda la châtellenie et les autres héritages. Il fit comme eux sa résidence la plus ordinaire au Plouich, près de Phalempin; il fit encore une donation en 1234 pour son anniversaire qu'il fonda dans l'abbaye de Phalempin, ce qui fait croire qu'il était au bout de sa carrière [3]; il fut enterré dans le cloître de l'abbaye de Loos, à droite, près de la porte de l'église, revêtu d'un surplis, ayant un livre fermé

[1] C'était avant la réorganisation de 1235.

[2] Il contribua aussi à faire ériger la chapelle de Sainte-Marie-Madeleine en église paroissiale, mais il se réserva la présentation et la provision de la cure.

[3] Le sceau de ce prévôt ne porte pas de blason, mais seulement cette légende : *Sigillum Willelmi præpositi Insulensis.* verso : *Signum thesaurarii Cameracen.*

entre ses mains, qui est la marque des chanoines et du
prévôt, et un manipule ou fanon au bras gauche, ce qui
indique qu'il était sous-diacre, portant aussi une fort
grande tonsure à la façon des moines; son épitaphe, encore très-lisible au siècle dernier, était ainsi conçue:

« Chi gist Willames, provost de Lille et chatelains. Priez pour
s'ame. *Amen.* »

Son frère, le châtelain Roger, portait trois lions rampans
deux et un sur son écu [1].

XIII.   1236. – BRICE. – 1248.

Brice, Brictius, Briccius, Brix ou Brixius, devint
prévôt de Saint-Pierre en 1236; il paraît dans des actes
de 1247 et janvier 1248; on le trouve dans l'obituaire
et dans le livre enchaîné, en 1238, 1240, 1244. Il fit
quelques donations à la Collégiale et obligea les doyens à
la résidence; on place sa mort en 1248. Il ne portait pas
d'écusson; mais les sceaux conservés et reconnus pour lui
avoir appartenu, ont un agneau portant bannière, et la
légende qui suit: *S. Briccii p. positi S. Petri insulen.*
Au champ, l'alpha et l'omega. Au revers, *Custos sigilli.*
L'alpha et l'omega sont des caractères qu'on retrouve également sur les monnaies du moyen-âge. On les plaçait à côté
de la croix qui se trouve au revers des pièces, signifiant
que la croix doit être le commencement et la fin de toutes choses, par allusion aux paroles: *Je suis l'alpha et
l'omega, le commencement et la fin,* dit le Seigneur.
(Voir Lelewel.)

[1] Vander Haer, 198 - 199 - 200. carte 215. — Wartel, 139. — Panckouke,
135. — Hist. de N.-D. de la Treille, 1843, page 21. — Hist. du couv. des
Dominicains. — Le Glay, Camer. 117, 346.

XIV.   1249. – THOMAS DE BEAUMEZ. – 1250.

Thomas de Beaumez, de Beaumanoir, de Bellaumaûlo, de Bellomanso , troisième fils de Gilles, seigneur de Beaumez et d'Agnès de Coucy, fille de Raoul 1er, sire de Coucy et d'Alise de Dreux, princesse du sang royal, avait d'abord été chanoine d'Arras, puis il fut pourvu de la prévôté et canonicat de l'église de Reims, par l'archevêque Henri de Dreux, oncle de sa mère. Mais les habitants de Reims s'étant soulevés contre ce prélat, chassèrent le prévôt de la ville en 1233 ; plus tard , en 1239 , les seigneurs de Rumini le firent tomber dans une embuscade et le retinrent prisonnier. L'archevêque , son grand oncle , convoqua un concile provincial à Saint-Quentin , en novembre 1239 , pour contraindre , par les censures ecclésiastiques , ces seigneurs à le délivrer. Il devint plus tard , en 1248 , prévôt de la collégiale de Saint-Pierre de Lille ; c'est en cette qualité qu'il accorda , au mois de février 1249 , aux Frères Mineurs la permission de se tranférer , du faubourg de Courtray en la paroisse Saint-Etienne à Lille , dans la rue des Foulons. Le siège de l'archevêché de Reims étant vacant après Henri de Dreux , Thomas quitta sa prévôté de Lille pour être élu archevêque de Reims, à la fin de 1249 ou au commencement de 1250 , ce qui se prouve par un rescrit du pape Innocent iv du 27 mars 1250 , qui lui permet de se faire sacrer par l'évêque de Laon , en l'absence de l'évêque de Soissons , doyen des suffragants de Reims.

Henri, évêque de Liège, possédait des fiefs, relevant du duché de Reims, principalement la châtellenie de Bouillon. Thomas de Beaumez le fit sommer en 1251 de lui faire hommage par le ministère de quatre barons, Henri prétendait n'être obligé à le faire que par deux ; ils convinrent, pour terminer ce différend, et par un compromis, daté du jour de la fête de la Chaire de Saint-Pierre, 1252, que l'hommage serait fait, pour cette fois seulement, par trois barons de Liège, et remirent le jugement du fond de l'affaire à l'arbitrage d'Arnould, comte de Loos.

L'archevêque n'avait pas encore réussi à gagner l'affection des habitants de Reims, lorsque saint Louis y vint en 1257 et parvint à les réconcilier avec lui.

En septembre 1258, le roi leur demanda un secours d'argent pour payer ses dettes et déclara qu'il ne faisait cette demande que du consentement de l'archevêque, leur seigneur, et sans que cela pût tirer à conséquence pour l'avenir.

En 1259, il fit un accord avec l'évêque de Liège. — Il siégea la même année à l'assemblée des Pairs du royaume ; on y traita des questions litigieuses entre le roi saint Louis et les comtes de Poitou et d'Anjou, concernant le comté de Clermont. La même année, il intenta un procès aux religieux de Saint-Remi, à Reims ; il réclamait la garde de leur monastère, mais ils soutinrent qu'ils étaient en la garde du roi, et ils gagnèrent par arrêt de Notre-Dame de Septembre, 1259.

Il mourut à Toulouse le 18 février 1262, vieux style, et fut enterré à l'abbaye de Vaucelle ; il portait un écu de gueule à la croix dentelée d'or [1].

[1] Voyez Man. De Lobel, 88 R.° — Carpentier, éd. 1668. II. page 202 et 203. — La Chesnaye-des-bois, IV. 206. — Man. R. 116. — J. Vincart, 24. — Le Glay, Cam. 117. — P. Anselme, Hist. gén. II. 7. — Legroux, man. n.° 150.

XV.   1250. – GUY D'AUVERGNE. – 1263.

Guy d'Auvergne, dit de Clermont, Guido de Alvernia, G. de Claremonte, fils de Guillaume, huitième du nom, comte d'Auvergne et d'Alix ou Adélaïde de Brabant, veuve de Louis, comte de Los, fille de Henri 1er, duc de Brabant et de Mahaut de Boulogne, fut d'abord archidiacre de la cathédrale de Térouane, prévôt de la collégiale de Saint-Pierre de Lille, vers 1250 ; on le retrouve avec cette qualité en 1260, acquérant la dîme de Dranoultre, par acte du mois d'avril; abbé séculier de Saint-Germain.

XVI.   1263. – GUILLAUME DE CLERMONT.

Guillaume de Clermont, fils de Guillaume, seigneur de Clermont et de Saint-Joire, fut élu prévôt de la collégiale de Saint-Pierre, le cinquième jour après Quasimodo de l'an 1263. Il porte dans quelques actes la qualification de doyen de l'église de Vienne.

On ne connaît aucun acte émané de ce prévôt, dont la maison portait de gueules à une clef en pal d'argent. Elle porta plus tard de gueules à deux clefs mises en sautoir [1].

XVII.   1270. – GÉRARD DE LIGNE.

Gérard de Ligne, *de Linea*, quatrième enfant de Wauthier III, sire et baron de Ligne et d'Alix d'Apremont, sa seconde femme. Il fut archidiacre de Brabant et prévôt de Saint-Pierre, à Lille ; il mourut revêtu de cette di-

[1] MM. De Lobel, Legroux, etc.

gnité. Il fut enterré en l'abbaye de Cambron [1], et les
religieux de Ghislenghien célébraient chaque année, au mois
de mars, un service anniversaire pour le repos de son
âme. Gérard de Ligne portait d'or à la bande de gueule.

XVIII. 1272. – JEAN DE FLANDRE.

Jean, quatrième fils de Guy de Dampierre, comte de
Flandre, marquis de Namur, pair de France, et de Ma-
thilde, dame de Béthune, fut instruit dès sa jeunesse dans
les saintes lettres ; les Ecritures et le droit-canon furent
le sujet principal de ses études. Il fut d'abord chanoine
de Metz, prévôt de Saint-Donat de Bruges et enfin prévôt
de Saint-Pierre de Lille. Il devint chancelier de Flandre
et fut élu évêque de Metz en 1280, Nicolas III étant pape
et Rodolphe de Halsbourg, empereur. Mais bientôt il fut
transféré à l'évêché de Liège, par Martin IV, qui cassa la
double élection de Bouchard d'Avesnes et celle de Guillaume d'Auvergne. Jean eut bientôt occasion de montrer
sa fermeté d'âme. Les magistrats de Liège établirent en 1285
de nouveaux impôts sur les denrées, sans avoir demamdé le
conseil du prélat ni du peuple. L'évêque, prenant en main
les droits des pauvres, voulut abolir cette exaction, les

---

[1] Le tombeau, reconstruit au 18.e siècle, portait l'épitaphe suivante :

D. O. M.

J. SACRUM

..... ac piæ memoriæ illustriss. sũmorum D. D. Toparcharum Dynastarum,
ac militum prænob[is] domus ac familiæ

DE LIGNEA

Walteri II (1190), Walteri III (1245), Walteri IV (1271). Joannis Gerardi
archidiaconi Brabantiæ, fastredi dynastæ de Tongre, Michaelis D. du Pontoit,
Arnoldi, fastredi D. de Eellegnies, fastredi D. de Monstreul, fastredi D. de Ligneá
(1319). Dominæ Elisabethæ D. Margaretæ, D. Andelinæ de Havré, D. Julianæ
de Rossoit et Isabellæ dominarum de Ligneá, hujus monasterii Camberonensis
benefactorum hic, et in claustro

SEPULTORUM.

magistrats résistèrent, alors les chanoines abandonnèrent la ville, et l'évêque réclama la médiation du duc de Brabant. Celui-ci intervint, et il fut décidé que l'impôt serait aboli et que les deniers perçus seraient consacrés à des ouvrages d'utilité publique. On nomma ce traité *la paix des Clercs.* L'évêque assista généreusement le duc de Brabant dans la guerre que ce dernier soutint contre le comte de Gueldre, au sujet de la possession de Limbourg, mais ses services et son alliance fidèle ne recueillirent que de l'ingratitude.

Peu de temps après cette guerre, Jean prenait le plaisir de la chasse dans un bois situé non loin du château de Bouillon, lorsqu'il fut saisi par des gens apostés et emmené prisonnier. On crut que ces brigands agissaient par ordre de la comtesse de Flandre, Isabeau de Luxembourg, belle-mère de l'évêque, qui se vengeait des sévères leçons que celui-ci lui avait donnés sur sa conduite désordonné. Sa captivité dura cinq mois, *par la volonté de Dieu,* dit Buzelin, *et pour donner aux siens un grand exemple de patience.* Enfin, après lui avoir extorqué une grosse somme d'argent et lui avoir fait jurer qu'il ne tirerait pas vengeance de cet attentat, ses ennemis le relâchèrent, mais sa santé affaiblie ne lui laissa dès lors qu'une vie languissante. Il mourut le 14 octobre 1290 et il fut inhumé avec ses ancêtres dans l'abbaye de Flines, dont il avait consacré l'église.

Un sceau de cet évêque porte l'inscription *S. Johis. fil. comites Flandria p. positi Burges cancellarii Flandrie.* Verso : *secretum sigilli.* Sa monnaie, comme évêque de Liège, porte ses armes, un lion armé d'une épée, avec la légende *Joannes, epc.,* de l'autre côté une grande croix écartelant celle-ci : *Leodiensis* [1].

[1] MM. De Lobel, P. Anselme, Il., Loi de Lille 1776, Panckouke, Moréri, Vincart, M. Le Glay, Buzelin.

XIX. 1282. – GUILLAUME DE POUILLY.

Guillaume de Pouilly, de Polleya, Polleys, tire son origine d'une famille noble allemande, établie au baillage de Saint-Michel, dans la châtellenie de Stenaye, en Barrois. Il fut archidiacre de Sablé, dans l'église de Sens, clerc-domestique ou chapelain du roi de France et prévôt de Saint-Pierre. Il mourut en 1288.

Sa famille porte d'argent au lion d'azur armé et lampassé de gueules [1].

XX. 1288. – AMAURY DE CLERMONT.

Amaury de Clermont, (Amaury de Noyelles, Almarius ou Almaricus de Nigilla ,) était fils de Simon de Clermont, deuxième du nom, seigneur de Néelle et d'Ailly, l'un des régents du royaume pendant le voyage que saint Louis fit en Afrique, et l'un des nobles que le roi Philippe-le-Hardi choisit, au commencement de son règne, pour gardiens de ses enfants et défenseurs du royaume. Ce prévôt eut pour mère Alix de Montfort, dame de Houdan. Raoul, son frère aîné, était connétable ; Guy le puîné était maréchal de France ; Simon était évêque-comte de Beauvais, et Béatrix, sa sœur, avait épousé Jehan IV, châtelain de Lille. On n'a point connaissance d'actes émanés de ce prévôt, qui mourut en 1330.

Les Clermont de la branche de Néelle en Beauvoisis portaient de gueules, semé de trèfles d'or, à deux barres adossées de même, au lambel de trois pendants d'argent brochant sur le tout [2].

[1] MM. De Lobel, Le Glay, Saint-Genois, Legroux.
[2] P. Anselme, Moréri, La Chesnay-des-Bois, MM. De Lobel, Legroux.

XXI.   1330. – ROBERT DE COURTENAY.

Robert de Courtenay, Courtenayo, troisième enfant de Jehan de Courtenay, premier du nom, seigneur de Champigneulles, La Ferté-Lonpierre, etc., etc. et de Jeanne de Sancerre, était parent au troisième degré civil des trois empereurs français de Constantinople de la maison de Courtenay, et neveu de Robert de Courtenay, archevêque de Reims, qui sacra les rois Louis-le-Hutin, Philippe-le-Long et Charles-le-Bel. Cette maison avait la prétention de descendre en droite ligne de Louis-le-Gros, roi de France et d'Adélaïde de Savoie, prétention contestée longtemps et enfin réduite au néant par acte du Parlement, en date du 7 février 1737, qui défendit à Hélène de Courtenay de prendre la qualité de princesse du sang royal, ainsi qu'elle l'avait fait dans son contrat de mariage avec Louis de Beauffremont.

Robert de Courtenay, qui nous occupe présentement, fut en premier lieu chanoine de Reims et de Sens, et devint en 1330 prévôt de la collégiale de Saint-Pierre de Lille. Il mourut vers 1338 [1].

Jean de Courtenay, portait d'or à trois tourteaux de gueules, 2 et 1.

XXII.   1338. – LOUIS DE CIGUERIAC.

Louis de Cigueriac devint prévôt de la collégiale de Saint-Pierre en 1338, on le retrouve encore en 1342.

---

[1] Robert de Courtenay et ses frères avaient vendu le Palais des Thermes, situé à Paris, reste précieux d'antiquité romaine. Voyez Man. De Lobel, Moréri, Du Bouchet, M. Le Glay, Legroux, etc., etc.

XXIII.   1354. – PIERRE DE MONTERUC.

Pierre, dont le nom patronimique est resté inconnu, tirait son surnom du bourg de Monteruc, dans le diocèse de Limoges ; (ce nom s'écrit plus tard Monterac, Salvété-Monterac, Elve-Montarre, Petrus de Montarico) ; il était fils du seigneur de Monteruc et de...... Aubert ou Alberti, famille du Limousin, féconde en dignitaires ecclésiastiques. Son oncle maternel, Etienne Aubert, devint pape sous le nom d'Innocent VI ; un autre de ses parents, Audouin Aubert, fut évêque de Paris, d'Auxerre et de Maguelone, cardinal et évêque d'Ostie ; Arnaud Aubert fut archevêque d'Auch et grand-camerlingue du Saint-Siège ; Hugues Aubert, évêque d'Alby.

Pierre de Monteruc fut nommé prévôt de la collégiale vers l'an 1354 ; plus tard, il occupa le siège de Pampelune, devint cardinal-prêtre du titre de Sainte-Anastasie et vice-chancelier de la sainte Eglise romaine.

Il avait eu pour prélat-domestique Barthélemy Signani, archevêque de Bari, qui durant le grand schisme d'Occident, fut élu pape sous le nom d'Urbain VI, pendant que Clément VI occupait légitimement le Saint-Siège. Le cardinal de Pampelune, en dépit de l'intérêt que pouvait lui inspirer le sort de son ancien ami, ne cessa de soutenir par ses actions et par ses lettres, le parti de Clément, conduite juste et désintéressée qui n'empêcha pas Urbain de lui donner les témoignages de respect dus à ses vertus.

Pierre de Monteruc fut un des exécuteurs du testament du cardinal Albornos, et il mourut sous le pontificat de Clément VII, en grande réputation de sainteté.

Il fut enseveli dans la chartreuse de Villeneuve, dont il est appelé le second fondateur; il avait établi un collège à Toulouse. On remarque qu'il paya le luminaire de la collégiale de Saint-Pierre, le 8 mars et le 30 mai de chaque année [1].

XXIV. 1385. — GILLÈS DE SOYECOURT.

Gilles ou Egide de Soyecourt fut élu prévôt de Saint-Pierre en 1391. Il siégea sept ans.

XXV. 1398. — JEHAN DE MONTREUIL.

Jehan de Montreuil tirait son origine de la ville de Montreuil, en Picardie; il naquit vers l'an 1361 et étudia la théologie sous Jean Flameng, Jean Le Veneur, Pierre Mauhac et Gauthier Col; ces deux derniers furent secrétaires des finances sous le roi Charles VI, et Montreuil qui, dès sa tendre jeunesse, avait été attaché au roi Charles-le-Sage, fut lui-même revêtu d'une charge pareille, après avoir été successivement secrétaire du Dauphin, (depuis Charles VII) et du duc de Bourgogne. Il fut chargé de différentes négociations auprès des Souverains-Pontifes, auprès de l'empereur Venceslas, ainsi qu'à la cour des rois d'Angleterre, Richard II et Henri IV. Il s'acquitta avec talent de ces différentes charges, et répondit à la confiance du prince par une entière fidélité.

Elu prévôt de Saint-Pierre, il ne crut pas devoir se contraindre à la résidence et continua d'habiter la cour, où le fixaient ses talents et les dignités dont il était revêtu. Il vivait dans l'intimité avec Nicolas de Claminger,

[1] Voyez Man. De Lobel, Moréri, Vincart, M. Le Glay, etc.

chanoine du Chapitre de Lille, avec l'illustre Gerson, avec
Gauthier Col et Muret, orateur et poète distingué. Il a
laissé soixante-quatorze lettres sur les affaires et la littérature de son époque; on y voit figurer tour à tour le Concile de Constance, l'éloge du roman de la *Rose*, et tout
ce qui pouvait en ce temps frapper et occuper les esprits. On a également de lui : *Traité auquel est contenu
l'occasion ou couleur pour laquelle le roy Edouard d'Angleterre se disait avoir droit à la couronne de France*.
Le même, abrégé en latin. Dans ces deux ouvrages, Jehan
de Montreuil prouve que les rois d'Angleterre n'ont jamais
pu faire valoir de prétentions légitimes sur la couronne
de France.

Jehan de Montreuil, étant fidèlement attaché au roi de
France, déplut à Jean-sans-Peur, duc de Bourgogne, et
il fut assassiné à Paris, par les partisans de ce prince,
en 1418. Ce prévôt était alors dans sa soixante-troisième
année; il laissa le renom d'une grande constance politique
unie à un vrai talent [1].

XXVI.   1428. — HENRY GOETHALS.

Henry Goëthals, (Henricus Goedhals), fils de Georges,
chevalier du Saint-Sépulcre, conseiller honoraire et chambellan du duc de Bourgogne, Philippe-le-Hardy, et de
Catherine de Gruutere, fut maitre-ès-arts, bachelier en
théologie, chanoine de Bruges et de Tournay, doyen de
Saint-Lambert de Liège, et, par élection après la mort
de Jean de Montreuil, prévôt de la collégiale de Saint-
Pierre. Honoré de la confiance de ses souverains, les ducs

---

[1] Voyez M. Le Glay, Moréri, Mém. de l'Acad. des Inscriptions, Foppens,
Legroux, etc.

de Bourgogne , il remplit avec honneur des missions diplomatiques, prit rang dans leurs conseils, et fut revêtu
de la charge de premier conseiller ecclésiastique au conseil
de Flandre, et de vice-président du grand conseil.

Il négocia , pour Philippe-le-Bon , l'acquisition du comté
de Namur, que Jean III céda , moyennant la somme de
trente-deux mille couronnes, et en se réservant la souve-
raineté de ce comté jusqu'à sa mort.

Henry Goëthals mourut en 1443 ; son épitaphe, dans
la cathédrale de Tournay, est conçue en ces termes :

« Hic jacet quondam venerabilis et circonspectus Vir , magister
Henricus Goëthals, magister in artibus et baccalaureus in theo-
logia, decanus Leodiensis, et prepositus Insulensis, canonicus
hujus ecclesiæ, consiliarius illustrissimus principum dominorum
Joannis et Philippi ducum et comitum Burgundiæ, Flandriæ et
Artesiæ, qui obiit anno Domini 1433, mensis decembris 14. »

La famille Goëthals porte de gueules à trois bustes de
vierges de carnation, de face, chevelées d'or et habillées
d'azur [1].

XXVII. 1434. - JEAN LAVANTAGE.

Jean Lavantage , ou l'Advantage, avait pris, dans les
universités de Paris et de Montpellier, les degrés comme
maître-ès-arts ; il exerçait la médecine et fut , pendant
toute sa vie, premier médecin de Philippe-le-Bon. Il occupa pendant deux ans la prévôté de Lille, et la quitta
pour le siège épiscopal d'Amiens. Pendant son séjour à

[1] Ce prévôt était arrière-neveu de Henry Goëthals, le *Docteur solennel*,
célèbre par son éloquence et sa profonde érudition. Voyez Man. De Lobel,
Foppens, etc., etc.

Lille, il fut nommé plusieurs fois commissaire pour le renouvellement de la Loi [1].

XXVIII.   1437. – JEAN DE BOURGOGNE.

Jean de Bourgogne était fils de Jean-sans-Peur et de
Marguerite de Borsele. Il fut d'abord chanoine de l'église
cathédrale de Cambrai et fut nommé prévôt de la Collégiale, par collation du pape Eugène IV. Il remplit les
fonctions de chancelier de Flandre et fut placé sur le siège
épiscopal de Cambrai en 1440. Résidant presque toujours
à la cour de son frère, il fit administrer son diocèse par
ses grands vicaires Hugues Tournet et Godefroy Greveray,
qui remplirent avec distinction cette charge importante.

Ce prélat mourut à Malines en 1480. Son corps fut
enseveli en l'église de Sainte-Gudule de Bruxelles, et son
cœur, rapporté à Cambray, fut déposé sous un beau mo-
solée dans l'église cathédrale.

Jean de Bourgogne portait, selon Carpentier, au premier
et au quatrième de France, c'est-à-dire d'azur aux fleurs
de lys d'or, à la bordure componnée d'argent et de gueules;
au deuxième et au troisième, bandé d'or et d'azur de six
pièces, à la bordure de gueules, sur le tout, de Flandre,
qui est d'or au lion de sable, la pointe de l'écu est d'or,
et la devise : *Tel est mon vouloir* [2].

XXIX.   1438. – FORTIGAR DE PLANCENTIA.

Fortigar, (Fortigaire de Plancence, Plancentia, Plai-

[1] M· Le Glay, Man. De Lobel, etc., etc.
[2] Voyez Mém. de la Société des sciences de Lille, 1839, M. Le Glay,
Mém. sur les Bibliot., *Cameracum*, O. Dewrée, Legroux, P. Anselme,
Vincart, etc., etc.

sance, Fortigarius de Plancentia), était originaire de la
ville de Bruges et devint archidiacre de l'église d'Arras et
prévôt de la collégiale de Saint-Pierre. Il était aussi prévôt de Sainte-Walburge, à Furnes, et premier chapelain
et aumônier de Philippe-le-Bon. Il ne siégea, comme prévôt de Lille, qu'une seule année, et fut appelé à remplir le siège épiscopal d'Arras. Il mourut en 1452, et fut
enseveli à la place qu'il avait choisie, en la chapelle de
Saint-Waast [1].

Voici son épitaphe :

« Hic jacet bonæ memoriæ reverendus in Christo pater dominus Fortigardus episcopus Atrebatensis de oppido Brugiensi in Flandria oriendus, Philippi ducis Burgundiæ et Brabantiæ consiliarius, qui anteà magnum archidiaconatum atrebatensem et ecclesiam S. Petri Insulensis rexit, etc. XXVI die mensis januarii anno
MCCCCXXXIX, viâ Spiritus sancti à venerabilibus suis fratribus de
Capitulo Atrebatensi, unanimiter fuit electus, et persanctionum
dominum Papam Eugenium IV, pronunciatus et confirmatus. Deinde
S. Walburgis Furnensis ac etiam in West Frigia in ecclesia Tra-
jectensi præposituras pacificè possidens et protocapellanus et elee-
mosynarum prædicti ducis fuit. »

XXX.   1439. – EUSTACHE DE CAILLEU.

Eustache de Cailleu, (de la Pierre, Calculus, Calculi)
devint prévôt de la collégiale par lettres apostoliques du
7 janvier 1439 ; il était maître ès-arts, conseiller et médecin du duc de Bourgogne, Philippe-le-Bon ; il prenait
dans tous ses actes le titre de *Physicus*. Il mourut dans
l'exercice de sa dignité, en 1451. Il avait été nommé à

[1] Man. De Lobel, M. Le Glay, MM. Bibliothèque de Lille, Hist. n.° 150,
etc., etc.

13

diverses reprises commissaire au renouvellement de la loi
de Lille.

XXXI.   1452. – JACQUES DE COIMBRE.

Jacques de Coïmbre, (Coimbrus, de Coymbre, Conim-
bre, Jacobus Colimbria, a Colybriâ, Joanius de Colimbria).

Jacques de Portugal était fils de Pierre, duc de Coïmbre,
(fils de Jean, premier roi de Portugal,) qui avait été
régent de Portugal et qui fut tué à la bataille d'Alfarrou-
heira, et d'Isabelle d'Aragon, fille de Jacques II, comte
d'Urgel; il était frère de Pierre de Portugal, qui fut proclamé roi d'Aragon en 1464 et qui mourut à Granolie,
près de Barcelonne, le 30 juin 1468, et de Jean, duc
de Coïmbre, roi de Chypre.

Il naquit le 7 août 1433. Il accompagna son père à la
guerre où celui-ci perdit la vie, combattit vaillamment et
fut pris les armes à la main, le 20 mai 1449, à la bataille d'Alfarroubeira. Il avait seize ans. Sa tante paternelle, Isabelle de Portugal, duchesse de Bourgogne, obtint à grand peine, par l'intervention du bon duc Philippe, son mari, le corps de Pierre, duc de Coïmbre,
auquel elle fit rendre les derniers honneurs, et la liberté
de Jacques de Coïmbre, son neveu, qu'elle fit venir en
Flandre et qui se livra à l'étude; il fut élu prévôt par
le Chapitre de Saint-Pierre de Lille, le 31 juillet 1452.
Il avait alors 19 ans, il fut confirmé et approuvé dans sa
prévôté par lettres de sa Sainteté le pape Nicolas V, et
partit pour Rome. Il fut nommé trente-unième évêque
d'Arras, le 23 mars 1453; c'est alors qu'il quitta la prévôté de Saint-Pierre de Lille, et quatre mois après il devint archevêque de Lisbonne.

Il fut créé, le 25 février 1456, malgré sa jeunesse, cardinal-diacre du titre de Sainte-Marie, en Portugal, et de Saint-Eustache, suivant sainte Marthe; c'était la deuxième nomination pontificale de Calixte III. Il était aussi protonotaire du pape; il donnait dès lors les plus belles espérances et les gages d'une vertu à toute épreuve.

Il était lettré et avait acquis une science profonde; plein de modestie et d'un esprit droit; il préférait la chasteté à la vie. Il mourut à Florence le 27 août 1459, âgé de vingt-six ans moins vingt jours; on ensevelit son corps et on l'enterra dans la même ville, en l'église du couvent de Saint-Miniat, de l'ordre de Saint-Benoît.

Son père, Pierre de Portugal, duc de Coïmbre, portait un écu écartelé aux 1 et 4 de Portugal, c'est-à-dire d'argent à cinq écus d'azur, mis en croix, chargés chacun de cinq besans d'argent mis en sautoir et marqués chacun d'un point de sable, à l'embordé de gueule chargé de sept châteaux d'or, trois en chef, deux en flancs et deux en pointe, au 2 et 3 d'Angleterre qui est de gueule à trois lions léopardés d'or[1].

XXXII.   1453. – LOUIS DE BOURBON.

Louis de Bourbon était le cinquième fils de Charles, premier du nom, duc de Bourbon, qui mourut à Moulins, le 4 décembre 1456, et d'Agnès de Bourgogne, fille de Jean-sans-Peur, duc de Bourgogne.

Il naquit vers 1437, et fut élevé en la cour de Flandre, par les soins de Philippe-le-Bon, son oncle qui,

[1] Voyez man. De Lobel, 1 R.º 89, 4.º — Moréri, § Coïmbre 798, § Portugal 502, § Cardinal 213. — Plouvain, souv. 783. — D. De la Feuille 97. — J. Vincart.

après l'avoir fait étudier à Louvain, prit soin de le pour-
voir de la prévôté de Saint-Donat, à Bruges. Son ex-
trême jeunesse éveilla les soucis du Saint-Siège, et Nicolas y écrivit une lettre à ce sujet, traitant des devoirs
attachés à une pareille charge ainsi que du soin et du salut
des âmes. Devenu chancelier de Flandre et prévôt de Lille,
on remarqua la dévotion du jeune prince envers la sainte
Vierge, qu'il invoquait spécialement à l'autel de la Treille.
L'évêché de Liège, tombant en vacance par résignation
de Jean de Leynsberg de Los, Louis de Bourbon y fut
nommé; et, suivi d'un cortège magnifique, il fit en 1456
son entrée dans sa ville épiscopale. Les Liégeois, peuple
inquiet et turbulent, ne tardèrent pas à se révolter contre
leur nouveau seigneur. On accusa ses serviteurs d'exactions;
à son tour, il lança un interdit, les choses s'envenimè-
rent de plus en plus, et le peuple finit par chasser l'é-
vêque de la ville. Une guerre sanglante s'alluma entre
Liège et la Bourgogne; Saint-Tron, Dinan, furent sac-
cagés par le comte de Charolais; à ces nouvelles, les
Liégeois épouvantés demandèrent la paix : elle leur fut
accordée à de dures conditions, et l'évêque put rentrer
dans son diocèse. Bientôt la révolte recommença; Louis
de Bourbon dut s'exiler encore une fois; Charles-le-Téméraire, une seconde fois, vint au secours de son parent;
il entra dans Liège par la brèche ouverte et reçut la
nouvelle soumission des habitants. L'évêque, pour marquer l'esprit de paix dont il était animé, leva tous les
interdits, et célébra pontificalement le saint Sacrifice, chose
qui n'était pas arrivée depuis cinq ans. Peu de temps après,
s'étant rendu à Tongres, accompagné du seigneur d'Him-
bercourt, Louis se vit ramené captif par ses sujets, mé-
fiants et révoltés. Il vit les chanoines qui formaient sa

petite suite, massacrés à ses pieds, et leurs membres, portés autour de lui, comme de sanglants trophées. Charles-le-Téméraire, averti de cette boucherie, quitta Péronne, entraînant à sa suite le roi Louis XI, qui était venu le voir et qu'il accusait de ces malheurs; il mit le siège devant Liège, et y entra, non plus comme un suzerain sévère, mais comme un ennemi furieux. Le peuple fut décimé, la ville incendiée, privée de ses privilèges et accablée d'impôts. Les Liégeois furent tenus ainsi en sujétion pendant toute la vie de Charles.

A sa mort, l'évêque, qu'ils avaient abreuvé d'outrages, alla trouver Mlle de Bourgogne, et sollicita vivement pour son peuple le retour des franchises et libertés anciennes. Il fut exaucé. Mais une ligue plus formidable se forma contre lui, sous les auspices du féroce Guillaume de la Marck, surnommé le *sanglier des Ardennes*. En vain Louis de Bourbon l'avait comblé de bienfaits, l'avait fait asseoir à sa table, lui avait pardonné des erreurs, des fautes, des crimes, sans parvenir à adoucir cette nature sauvage. Deux fois, il tendit des pièges à son bienfaiteur, à son prince; ce dernier l'exila enfin de sa présence, le déclara ennemi public et fit confisquer ses biens. Guillaume de la Marck se mit à la tête d'une bande de routiers; il menaçait la ville de Liège : les habitants supplièrent l'évêque de se mettre à leur tête; il y consentit, comme un pasteur qui défend ses brebis; il marcha à la tête des troupes et tomba dans une embuscade; les Liégeois l'abandonnèrent et l'évêque fut renversé d'un coup de sabre; Guillaume de la Marck le frappa à la gorge d'un coup de dague et le fit achever par ses gens. Le corps fut jeté dans une mare et retiré trois jours après, il fut enseveli sans solennité devant le maître-autel de l'église de Saint-Lambert.

Ce prélat portait d'azur aux trois fleurs-de-lys d'or à la cotice mise en bande de gueules [1].

XXXIII. 1459 – ADRIEN DE POITIERS. – 1508.

Adrien de Poitiers (Adrianus de Poitiers,) était fils de Jean, seigneur d'Arcies, de Vadans, Sauvans, Dormans, etc., chambellan de Philippe-le-Bon, duc de Bourgogne, et d'Isabelle de Sousa, fille d'Alphonse Varde Sousa, comte de Neffra en Portugal, neveu de Charles de Poitiers, archevêque de Vienne et de Jean de Poitiers, évêque de Valence, frère de Louis, seigneur de Saint-Valery et de Chalançon, il étudia le droit et devint docteur-ès-lois. Il fut conseiller de Philippe-le-Bon et fut choisi par le duc Charles pour remplir l'office de conseiller ecclésiastique au parlement de Malines, protonotaire apostolique ; il était prévôt de la collégiale de Saint-Pierre de Lille en 1458, et chose remarquable, il ne fit son entrée dans la prévôté que le 18 février 1480.

Cependant on le trouve portant le titre de prévôt de Saint-Pierre de Lille, dans la ratification qu'il fit avec Philippe, son frère, en 1468, de la vente de quelques terres faite au nom de leur père.

Il ne résidait pas à Lille et envoya des lettres testimoniales de son prévilège de non-présent en 1495 et 1499.

Il fut également prévôt de la cathédrale de Cambrai, le 3 février 1456 et prit possession le 8 du même mois ; il s'en démit en 1494 pour la cure de Marquion ; il était aussi prévôt de Sainte-Valburge, à Fournes. Il mourut

[1] Voyez Man. De Lobel. — Moréri. — Gestes des évêques de Liège. — P. Anselme. — Barante. — Art de vérifier les dates.

le 28 octobre 1508, c'est peut-être par erreur qu'on l'a
dit mort le 16 juin 1498.

Adrien de Poitiers eut plusieurs sceaux : l'un portait
(1491) cette inscription : *S. Adriani de Poitiers p.
positi eccè sci Petri insulensis* avec un écu écartelé au 1
et 4 de Poitiers , au 2 et 3 contre écartelé , au 1 et 4
de Portugal , d'argent à cinq écus mis en croix d'azur
chargés chacun de cinq besans d'argent mis en sautoir ,
chargés d'un point de sable ; au 2 et 3 de Sonsa qui porte
de gueule à quatre croissants appointés ou un croissant ,
un croissant montant , une lune , et une lune en décours
opposés en croix et se touchant par les pointes [1].

XXXIV.   1508. – FRANÇOIS DE MELUN. – 1521.

François de Melun , (Meleum , Franciscus de Meleum ,)
fils de Jean , deuxième du nom , seigneur d'Antoing et
d'Epinoi , vicomte de Gand , connétable de Flandre , qui
est qualifié conseiller et chambellan du roi , mort le 20
octobre 1513 , et de Marie de Sarrebruche , dame de Bail-
leul qui s'était mariée le 6 octobre 1451. Il devint prévôt
de Bruges en 1505 , puis de Saint-Omer ; élu prévôt de
la collégiale de Saint-Pierre de Lille , par l'inspiration du
Saint-Esprit (*via Spiritus sancti*. De Lobel.) le 27 mars
1508 ; il fut admis à prendre possession de sa dignité le 9
novembre suivant ; choisi par élection le 10 janvier 1509 ,
pour être évêque d'Arras , devint évêque de Térouane en
1512 ; il établit en 1514 le révérend abbé S. de Femy
en l'abbaye de.... (*Flemiacen*) ; dédia en 1517 l'église des

---

[1] Voyez Man. De Lobel, 1 R.° 89. R.° – (Jouereus) Sup. trop. De Brab.
II. 296. — P. Anselme, Hist. géa. II. 208 - 209. D'après Gall. Christ. t. en
1725, col. 68. — Le Glay, Cameracum 119.

Annonciades de Béthune et mourut encore prévôt le 26 novembre 1521.

La maison de Melun porte d'azur à sept besans d'or 3. 3 et 1 au chef de même[1].

XXXV.   1521.—CORNEILLE DE BERGHES.—1525.

Corneil, (Corneille de Berghes, de Berg, Cornille de Berge, de Bergues, Cornelius de Berghes,) fils de Corneille de Bergues , seigneur de Grevenbrœck , chevalier de l'ordre de la Toison-d'Or , échanson de l'empereur Maximilien 1er et de Magdeleine ou Marie de Stryen , dame de Zevemberghe , était seigneur de Zevemberghe et fut élu le 13 décembre 1521 prévôt de la collégiale de Saint-Pierre de Lille , envoyé en possession par procuration et reçu le 11 mai 1523 ; il succéda dans cette dignité à François de Melun ; il la résigna vers 1525 et devint dès 1522 coadjuteur d'Evrard de la Marck , cardinal-évêque et prince de Liège , puis lui-même évêque du même siège , le 17 mai 1538.

Il eut à lutter pendant son épiscopat contre les hérésies qui se propageaient dans son diocèse ; il les combattit avec force et mit les religionnaires en fuite. Il reçut le roi des Romains, Ferdinand, qui passait par Liège , au mois de mars 1540, pour aller trouver son frère l'empereur, qui était dans les Bays-Bas.

Corneille de Berghes aimait la justice et détestait le désordre. Il fit publier plusieurs édits pour assurer la police et pourvut à la défense du pays en réparant les châ-

[1] Voyez De Lobel, man. 89, R.o — Moréri, Sup. X. 37. — (Plouvain) Souv. des habit. de Douai 784. — J. Vincart, 25. — Armorial man. A 89 5. — Wlson de la Colombière, science héroïq. 165. — Le Glay, Camerac. 119. — Man. n.o 33 , page 218. — Le Groux , page 192.

teaux et en fortifiant la ville de Liège ; il donna des ga-
ranties à la sûreté publique, en éloignant les gens sans aveu,
en prévenant les séditions et en établissant dans son armée
une exacte discipline.

L'empereur, qui désirait élever à ce siège Georges d'Autriche, l'avait fait agréer par le Chapitre, et obtint en 1541,
un mois après, que Corneille de Berghes le prît pour coadjuteur. Mais bientôt, en 1544, se trouvant accablé d'infirmités, il se démit de l'épiscopat, dont il n'avait jamais
exercé les fonctions, car il n'était pas prêtre ; il se retira
ensuite dans la ville de Hui. Il termina, peu de temps
après, ses jours dans cette nouvelle retraite. On ignore la
date précise de sa mort.

Les armes de la maison de Berghes sont coupées au premier, parti ou premier de Brabant qui porte de sable au
lion d'or, armé et lampassé de gueule ; parti ou deuxième
de Berthoul qui porte d'or à trois pals de gueule ; coupé
au deuxième de Bautersen qui porte de sinople à trois mâ-
cles d'argent [1].

XXXVI.   1525. – FRANÇOIS DE ROSIMBOIS. – 1558.

François de Rosimbois (de Rosimbos, Franciscus de
Rosimbois) fils de Pierre, chevalier, seigneur de Rosimbois et de Filomés, baron de Fromelles, Mollenghien,
Berghette, premier maître-d'hôtel de la duchesse de Savoie
et chef des finances de Marguerite d'Autriche, gouvernante
des Bays-Bas ; (cette famille, l'une des plus anciennes
de la châtellenie de Lille, tire son nom de la terre

[1] Voyez De Lobel, man. 89 R.° — (De Vigiano) Nob. P. Bas. III. 185 -
200. — But Kens, 2.° gén. après la page 653 Glines. — J. Vincart, 25. —
Le Glay, Camer. 119. — Man. hist. n.° 150, p. 193. Bib. de Lille. — Art
de vérifier les dates, éd. in-8.° XIV. 137.

de Rosimbois , située sur la paroisse de Fournes , entre
Lille et La Bassée.) et de dame Marie de Habart , fille de
Philippe, seigneur de Habart, et d'Antoinette de Lalaing,
devint prévôt de la collégiale de Saint-Pierre de Lille et
fut envoyé en possession avec une procuration le 23 janvier 1525 ; il paraît que ce prévôt ne résidait pas habi-
tuellement à sa prévôté et qu'il avait négligé fort longtemps (dix-huit ans) de présenter des lettres testimoniales
du privilège de résidence , et la prévôté avait pourvu pro-
visoirement et à titre de dépôt à cette irrégularité ; mais
cet état de choses ne pouvait toujours durer, et le fruit de
la prévôté fut affecté, pour cette cause, à la chapelle de
Notre-Dame de la Treille.

L'éloignement de François de Rosimbois paraît se justi-
fier de lui-même par les fonctions qu'il remplissait à l'o-
ratoire de l'empereur Charles-Quint. Il mourut à Arras,
le 22 septembre 1558 ; il fit une fondation pour payer ,
le 24 septembre, à la trésorerie de la collégiale de Saint-
Pierre , le luminaire et l'offertoire. Il fut enterré dans cette
église , en la chapelle de Saint-Pierre, à côté de l'Évangile. Nous citons plus loin son épitaphe.

Les Rosimbois portaient bandé d'argent et de gueule
de six pièces [1].

XXXVII.   1562. – GILBERT D'OIGNIES. – 1574.

On remarque ici une vacance de quatre ans (de 1558
à 1562) dans la prévôté de Saint-Pierre.

Gilbert, Giselbert , Guilbert, d'Oignies, d'Ongnies, était

[1] Voyez De Lobel, man. I R.° 2 v.° 89. R.° — Armorial man. A 105 5.
— Le Glay, Camer. 119. — Legroux. — Man. Lille, his. n.° 150 p. 193.
B. de Douai, Villerode, man. — Vander Haer, trésorerie, Bib. de Lille,
hist. n.° 71. Millin, t. v, mém. LIV p. 34.

fils de Jean d'Oignies, deuxième du nom, seigneur d'Oignies, de Watène, etc., gouverneur de Tournay, et de
Marguerite de Lannoy; elle était fille de Philippe, seigneur de Santes, chevalier de l'ordre de la Toison-d'Or,
et comptait parmi ses parentes la Bienheureuse Marie d'Oignies. Il devint chanoine et archidiacre de la cathédrale
de Tournay, vicaire-général de Mgr. Charles de Croy. Il
avait été élu vers l'an 1552. Il était le protégé du roi
d'Espagne; présenté et nommé par lui, prévôt de la collégiale de Saint-Pierre à Lille, le 19 juin 1562; mais
cette faveur blessa le Chapitre, qui refusa de le recevoir
pour prendre possession, disant que son salut, sa conscience et son droit lui interdisaient cette admission. Il
revint plus tard sur cette rigoureuse décision; et nous
voyons que Gilbert d'Oignies fut admis prévôt et fit sa
première entrée le 30 septembre 1563, le jour de la fête
de saint Jérôme, et mis en possession le 15 septembre
1565.

Philippe II n'avait pas abandonné l'homme de son choix;
il l'avait jugé digne de porter la mître épiscopale. Charles
de Croy, évêque de Tournay, vint à mourir le 11 décembre 1564; le choix d'un successeur ne pouvait tomber que sur lui, et il fut nommé le 7 octobre évêque,
avec le consentement et par l'autorité du pape Sixte IV
et de son protecteur; et le 21 octobre 1565, il fut consacré dans l'église de l'abbaye de Saint-Amand. Un autre
historien pense qu'il fut oint dans le monastère de Saint-
Eloi, et le 11 novembre suivant il fit son entrée solennelle, dans le plus profond silence, entouré de son clergé,
dans sa ville épiscopale de Tournay, au milieu d'un concours considérable de magistrats et de peuple.

La présence de l'évêque était devenue nécessaire à Tournay, car les hérétiques avaient fait tant de prosélytes que ses efforts pour arrêter leurs progrès restèrent impuissants. Il eut la douleur de souffrir le pillage et la dévastation des églises de sa ville épiscopale, le 24 août 1566, le jour de saint Barthélemi. C'est alors qu'on abandonna l'ancien usage du bréviaire et du missel, particuliers à l'église de Tournay; ceux-ci avaient pour la plupart été lacérés ou jetés au feu par les hérétiques. Leurs violences avaient été si loin que l'on avait cessé de dire la messe pendant quinze jours, à cause des pillages sacrilèges et de la crainte qu'ils inspiraient. Mais le 14 octobre suivant, jour de saint Caliste, les catholiques purent pratiquer sans danger les devoirs de leur religion. Ce prélat fit chanter tous les jours le *Salve Regina*, pour ranimer la piété des Tournaisiens; on songea alors à réparer les dévastations et les profanations; on rétablit l'autel et le tour du chœur de la cathédrale, et on les consacra en 1571.

Gilbert se conforma au décret de réformation du concile de Trente, et prit aussi quelques dispositions relatives à l'archidiaconat de Tournay. Il introduisit dans son diocèse la fête solennelle du très-saint Nom de Jésus, que Clément VI avait instituée en 1530, et fit des synodes diocésains en 1568 et en 1574 sur le même sujet. On s'y occupa surtout de la réforme des mœurs du clergé. Il les publia à Douai, chez Louis Winde, en 1568, in-8.º. C'était un recueil des décrets et des statuts du synode du diocèse de Tournay; le deuxième portait pour titre : *Decreta et statuta synodi diœcesis Tornacensis per reverendum in Christo patrem D. Guilbertum d'Ongnies, episcopum Tornacensem. Duaci, typis Ludovici de Winde, anno 1574.* Il était accompagné d'un discours de Michel de Nan, *Navci*, chanoine de Tournay.

Il travaillait encore avec zèle à l'œuvre qu'il venait de publier, lorsque la peste l'atteignit à Courtray, où il mourut le 25 août 1574, chez Anne de Haluvin, veuve du seigneur de Malstede, sa parente. Il avait été évêque pendant neuf ans; son attachement à la foi orthodoxe, son zèle, ses vertus, le firent sincèrement regretter des fidèles. Son corps fut conduit le 26 au château de Helein et ramené le 27 du même mois à Tournay, vers huit heures du soir. On le déposa dans un cercueil de plomb et on l'enterra sans solennité publique dans le chœur de la cathédrale Notre-Dame, du côté nord, sous un mausolée magnifique; le 1er décembre on célébra, avec grande pompe, ses obsèques; l'archevêque de Cambrai, Louis de Berlaymont, officiait; le doyen, Pierre de Pintaflour, lut l'évangile. Ce dernier devint ensuite évêque par le vœu de tous.

Gilbert d'Oignies se fit remarquer pendant son épiscopat par les nominations éclairées qu'il fit dans le clergé. Il avait aussi libéralement donné à son église une grande quantité d'ornements précieux et une tapisserie remarquable, représentant l'histoire des enfants de Jacob, ainsi que le luminaire et l'offrande qu'on payait le 24 août. Enfin il avait fondé quelques prières pour le repos de son âme.

On a fait pour lui l'épitaphe suivante:

EPITAPHIUM.

Quis jacet hic? Ego Gilbertus cognomine d'Oignies.
    Quæ tibi conditio? Præsul in urbe fui.
Quod pietatis opus? Christe nunc judice clarum est.
    Et quis opes? Templum, pauper et hospes habent.

Quid fuit in voto? Sanctæ perfectio vitæ,
    Euge, et quæ sursum sunt, bone pastor, habe.
Post genus et titulos, curas, operumque labores
    Quis modo te finis, candide præsul, habet,
Cortraci fatum, Tornaci jura sepulchri
    Consequor, et bona spes ossa sopora tenet.

On fit une seconde épitaphe qui était placée sur le péristyle du chœur de la cathédrale :

MEMORIÆ

Ill. ac R.ᵐⁱ D. Gilberti d'Oignies, episc. Toru. natalium splendore, vigilantia charitate spectatissimi, qui de hâc ecclesiâ diœcesi pauperibus bene meritus. Obiit 8.° cal. sept. 1574.

Cette ancienne pierre fut enlevée lorsqu'on restaura les décorations en marbre du chœur, et c'est par considération pour les importantes donations que ce prélat avait faites à son église que le Chapitre décida son rétablissement en 1684.

Jérôme Dumortier publia à Lille un poème sur ce même évêque; il parut après la mort de ce prélat.

Jean Cotreau, docteur en théologie de l'Université de Paris et chanoine de l'église de Tournay, fit aussi, suivant De Bar, un discours que cet auteur juge digne d'être cité.

La famille d'Oignies porte de sinople à la face d'hermines [1].

---

[1] Voyez De Lobel, man. 3 R.° 89 R.° — Généalog. I 285-286. — J. Vincart, 25. — Le Glay, Cam. 119. — Collection d'auteurs nés à Lille, man. Bib. de Lille, hist. n.° 66, page 233 à 238. — Cousin, hist. de Tournay, II 317 à 319. — Man. non cat. hist. E K, n.° 33, page 218. Bib. de Lille. — Legroux, Bib. de Lille man. — Man. B.b. de Lille, hist. n.° 150, page 193. — Man. bib. de Douai, F. de Bar. n.° 768. LL. sans pagination.

XXXVIII.   1575. – GÉRARD DE CROY. – 1583.

Gérard de Croy, Gerardus de Croy, était le troisième fils d'Adrien, seigneur de Rœux et Beaurain, chevalier de la Toison-d'Or, panetier du Hainaut, capitaine d'une compagnie d'arquebusiers, conseiller, chambellan, grand maréchal et grand maître-d'hôtel de l'empereur Charles-Quint, créé comte de Rœux et du Saint-Empire par ce monarque, quand il fut couronné à Bologne, le 24 février 1530. Il commanda l'armée impériale avec le comte de Nassau, au siège de Péronne, en 1536, investit et assiégea Landrecies en 1543, bloqua Térouanne en 1550, eut le gouvernement de Flandre, d'Artois, de Lille, Douai et Orchies, et mourut au siège de Térouanne en 1563, avec la réputation de *grand capitaine*. Son corps fut inhumé à l'abbaye de Saint-Feuillien.

Il eut pour mère Claudine ou Claude de Melun. Il avait été destiné dès son enfance à entrer dans les ordres; il fut chanoine de Tournay et de Saint-Omer; il devint prévôt de la collégiale de Saint-Pierre de Lille par collation du 31 décembre 1575; il fut mis en possession par procuration du 19 (Legrand dit le 29) juillet 1577, et remplit les fonctions de sa charge jusqu'au 5 décembre 1583. Ses deux frères étant morts sans laisser d'enfants, il devint chef de sa branche, se démit de sa dignité de prévôt, et sollicita vraisemblablement du pape la faveur d'être relevé de ses vœux, ce qu'il obtint; car il quitta l'état ecclésiastique, et il épousa bientôt après Yolente de Berlaymont, fille de Charles, seigneur de Berlaymont et de Marie de Ligne, dont il n'eut pas d'enfants.

Il devint comte de Dreux après ses deux frères, et mourut le 13 novembre 1585 ; il fut enterré aux Jacobins de Liège, devant le grand autel.

La maison de Croix, branche de Rœux, portait un écu écartelé au premier et quatrième de Croy, qui est d'argent à trois faces de gueule, au deuxième et troisième de Renty, qui est d'argent à trois doloires de gueule, dont deux en chef adossées et une pointe à l'écu, bronchant sur le tout, écartelé au premier et quatrième de Lorraine, qui est d'or à la bande de gueule, chargée de trois alerions d'argent, au deuxième d'Alençon, qui est de France, c'est-à-dire d'azur, à trois fleurs-de-lis d'or, à la bordure de gueule chargée de huit besants d'argent, au troisième qui de Wallon-Capelle, qui est d'or à deux faces de gueule.

XXXIX.   1584. – MAXIMILIEN MANARE. – 1597.

Maximilien Manare, (Manau, Maximilanus Manarre,) d'une famille qui nous est restée inconnue, devint prêtre, protonotaire apostolique, archidiacre, doyen et chanoine de la cathédrale de Tournay ; fut nommé prévôt de la collégiale de Saint-Pierre de Lille, le 8 juin 1584, en remplacement de Gérard de Croy, par le roi d'Espagne, et fut envoyé en possession par procureur, remplacé en 1597 par Vincent de Zeelande ; il mourut le 3 janvier 1597 et fut enterré dans l'église Saint-Pierre, à Lille, où l'on remarque deux épitaphes ; la première, placée devant la chapelle saint Jean, est ainsi conçue :

¹ Voyez De Lobel, man. 89 v.° — P. Anselme, V. 645-646. — Moreri, § Croi, 294. (de Vegiano de Hoves) hab. des Pays-Bas, III 157-158. — Le Glay, Cameracum 119. — Bib. de Lille, man. non cat. E K n.° 33 page 218. — Legroux, man. — Bib. de Lille, man. hist. n.° 150, page 193.

« Ci gist le corps de venerable personne messire Maximilien
Manare, en son temps prevost de ceste eglise. Priez Dieu pour
son ame. »

Et près de Charles Manare, derrière l'autel du chœur,
on lisait la deuxième :

« Hic jacet R.^dus D.^nus D. Maximilianus Manare protonotarius
apostolicus, hujus *ecclesiæ* ex decano et canonico Tornacensi prepositus : de utrâque ecclesiâ parentibus et amicis bene meritus,
testamento pauperes voluit heredes, Lovany ac Duaci octo in stu-
diosorum, hic et Tornaci decem, in mecanicorum gratiam bursis
institutis; ad hoc etiam resid.io bonorum suorum legato. Obiit
tertia January 1597. Requiescat in pace. »

On payait pour lui à la trésorerie de Saint-Pierre, le
luminaire et l'offertoire du 14 janvier.

Charles Manare, probablement son proche parent, chanoine de Saint-Pierre, portait un écu d'azur au chevron
d'or, accompagné de trois serres de même[1].

XL.   1597. – VINCENT DE ZEELANDRE. – 1618.

Vincent de Zelandre (Zeelandre Vincentius de Zeelande)
fut protonotaire apostolique, nommé par le roi, prévôt de
la collégiale de Saint-Pierre, le 10 avril 1597, et mourut dans l'exercice de sa dignité, le 26 juillet 1618.

Vincent de Zeelandre portait d'or à l'aigle de sable, à
une face ondée d'azur brochant sur le tout, chargée de
trois faces ondées d'argent; l'écu est soutenu par deux lions

[1] Voyez De Lobel, man. 89, v.° d'après R. r.° call. fol. 347. — Le Glay,
Cameracum 119. — Bib. de Lille, man. non cat. hist. E K, n.° 33, page 218.
— Bib. de Lille, man. hist. n.° 153, p. 194. — Legroux. — Vander Haer,
trésorerie man. Bib. de Lille, hist. n.° 71, p. 5, 11. — Millin V, mém. LIV,
page 39 - 40.

d'or et timbré d'une barrette de sable, terminée par trois
houppes, avec cette devise : *Vincit qui patitur* [1].

XLI.   1620. – ENGELBERT DESBOIS. – 1631.

Engelbert Desbois (Des Bois, Engelbertus Desbois) fut
licencié en théologie, chanoine et ensuite archidiacre de
Valenciennes, en l'église métropolitaine de Cambrai, charge
qu'il résigna en 1619 ; élu prévôt de la collégiale de Saint-
Pierre de Lille, le 24 janvier 1620 ou 1621 (suivant
Legroux et Boutiller.) Le 14 octobre 1626, sous ce prévôt, on reçut les Carmélites au nom de l'évêque de Tournay, et le 19 mai 1627, on admit à Lille les Religieux-
Capucins, sous le même patronage ; il ne fut remplacé qu'en
1631, et proclamé, à cause de son mérite, septième évêque de Namur, le 29 octobre 1629, sacré le 7 juillet
suivant, dans sa cathédrale, par Mgr. François Vander-
burch, septième archevêque de Cambrai, assisté de Mgr.
Antoine Triest, septième évêque de Gand ; il mourut le 15
juillet 1651.

Il est l'auteur d'une traduction latine du livre d'un P.
Jésuite, intitulé *la Pratique des bonnes intentions*; Douai,
chez Jean Bocard, 1619 [2].

Les Desbois portaient neuf besants, 3. 3. 2. 1.

[1] Voyez Man. De Lobel, 89 v.° — Le Glay, Cameracum. — Legroux. —
Man. Bib. de Lille, hist. n.° 150, page 194. — Man. non cat. hist. E K, n.°
33, page 218.

[2] Voyez Note du man. De Lobel, 89 v.° — J. Vincart, 25. — Le Glay,
Camerac. 119. 387. — Man. non cat. Bib. de Lille, hist. n.° 33, page 218.
— Legroux. — Boutillier, page 196. — Collection d'auteurs man. Bib. de
Lille, hist. n.° 66, page 165 à 172. — D'après Valerus Andreas; Petrus
Mathias SS. in Epist. dedicat Paradisi cœlestis; Roisin, fol. 468 ; Arnold. Rais-
sius in Belgicâ christianâ; Gallia christiana, t. III fol. 759. — Vander Haer,
trésorerie, man. Bib. de Lille, hist. n.° 71, p. 4.

XLII.   1631. - FRANÇOIS DE GAND dit vilain. - 1647.

François de Gand (dit Vilain , de Gand a Vilain , Vilain de Gand , de Gand , Franciscus Vilani a Gandavo , de Gand , Villain) fils de Jacques-Philippe de Gand , dit Vilain comte d'Isenghien et d'Odilia de Claerhout , sa première femme , était baron de Rassenghien , seigneur d'Ordeghem et de Bousbeke , sommelier de l'oratoire de la sérénissime infante Isabelle et aumônier , archichapelain de l'archiduc Léopold , gouverneur des Pays-Bas , prévôt de l'église de Saint-Waudru , à Mons ; il devint le 11 septembre 1631 , prévôt de la collégiale de Saint-Pierre , à Lille ; il fit en cette qualité une information juridique sur l'exorcisme de Marie de l'Escurie, en vertu d'une ordonnance de l'évêque de Tournay ; nommé chanoine de la cathédrale de Saint-Lambert, à Liège , il devint ensuite quatre-vingt-quatrième évêque de Tournay , le 5 novembre 1647 , fut sacré et fit son entrée solennelle au mois de décembre.

Il eut pendant son épiscopat une grave difficulté avec le magistrat de Lille. Le clergé de Saint-Maurice avait permis, le 20 avril 1662, l'inhumation d'un marchand (Paul Diedman , seigneur de la Rianderie) dans le sanctuaire. Le magistrat prétendait que cette place était réservée aux gentilshommes, et que, comme dépositaire de la police municipale , il devait faire respecter les usages dans sa juridiction et désigner le lieu de l'enterrement ; en conséquence, il se fit représenter par délégation pour opérer le 7 mai l'exhumation par la force, ce qui fut cause d'une protestation énergique du curé, qui s'en plaignit à son évêque. François de Gand lança un interdit sur la paroisse

de Saint-Maurice, le 15 mai 1662, et il ne le leva qu'a-
près bien des difficultés. (Les pièces relatives à cette affaire ont été imprimées à l'appui d'un mémoire.)

François de Gand mourut à Tournay, le 4 des ca-
lendes de janvier 1666, et suivant Legroux, le jour des
SS. Innocents (le 28 décembre) ; il fut enterré dans le
chœur de son église cathédrale ; on lui éleva un mausolée qui portait cette épitaphe :

D. O. M.

« Memo. Francisci Villani — a Gandavo epis. Torn. — Mausoleum
hoc dicatum esto — quem extinctum lugent — pietas et mansue-
tudo — vivi symbola — illustrant gentilitia — principum Isenghe-
mor. stemmata, — consecrant pia in Deum — hanc edem egenos
opera — ejus indoles, genus, dignitas, — vita, mors ex titulo
sepulchri — e regione positi ediscontor — Huc ades — quisquis
generis doctrinæ, prudentiæ, pietatis, — infularum splendorem
quæris aut stupes — Franciscus Villanus a Gandavo Torn. Epus.
— Principum Isenghemiorum sanguis, — vir genere, doctrinâ,
prudentia, pietate, — ad summa natus, ad infulas factus, hic
jacet, — Urbano VIII pontifici maximo, — hisp. regibus Philip. III
et IV. Per plures annos, — non innotuit modo, sed et placuit, —
Leodiensem ecclesiam coluit, canonicus, — Montensem et Insu-
lensem rexit præpositus, — Tornacensem per XIX annos illustravit
episcopus, — quo hominum indicio rogas, — vitam summâ muni-
ficentiâ et humanitate, — regimen perpetuâ caritate, — mortem
insigni constantiâ et pietate cumulavit. — Vivere desiit Torn. IV
Kal. Jan. MDCLXVI. — Tu lector vitam quam imiteris, exitum quem
— optes suspice, et antistiti de Rep. Grege, suis, — exteris, benè
merito, — benè apprecare. »

La maison de Gand, dit Vilain, porte de sable au chef
d'argent [1].

[1] Voyez De Lobel, man. 89 v.°; d'après lui Hist. de Gand, liv. X, p. 441,
preuves 662-687. — Moreri, § Gand, 58. — J. Vincart, 25-100. — Interdit

XLIII. 1647.-PIERRE-ERNEST baron de MERCY.-1665.

Pierre Ernest, baron de Mercy (Merci, Ernestus de Mercy,) était fils de François, baron de Mercy, dont on ignore le nom patronymique. (La baronnie de Merci-le-Haut est située dans le duché de Bar; elle a donné son nom à cette maison, que La Chesnaye des Bois dit ancienne et illustre.) Son père fut général des armées de l'empereur; il avait pour mère Magdelène de Flacsensandt.

Il devint prévôt de la collégiale de Saint-Pierre par promotion du 18 novembre 1647; mais étant devenu, je pense, le seul héritier de sa maison, il résigna sa prévôté à M. Remy du Laury; il était aussi conseiller de l'archiduc d'Autriche Léopold Guillaume, duc de Bourgogne et lieutenant-gouverneur, capitaine général des Pays-Bas et de Bourgogne. Il fut nommé, le 24 octobre 1652, par lettres patentes du roi Philippe IV, commissaire au renouvellement de la loi de la ville de Lille, en remplacement de Philippe du Chastel, chevalier, seigneur de Beauvolers, qui était mort le 10 septembre 1652; mais il ne garda pas ce nouvel emploi, car il fut remplacé le 18 octobre 1653, par messire Philippe-François d'Ennetières, chevalier, seigneur des Mottes.

Il fut sans doute délié de ses vœux pour relever sa famille; car il épousa Christine d'Alamour, fille unique de

de St.-Maurice, p. 9 à 12. — Le Glay, Cameracum 119. — Man. non cat. Lille, hist. E K n.° 33 page 218. — Armorial man. A 65. 2. — (La Chesnaye-des-Bois) D.re gén. VI, 580. — Legreux. — Collection d'auteurs et d'écrivains nés à Lille, man. Bib. de Lille, hist. n.° 66, page 211 à 215. — D'après Joannes Chifletins, Sacerd. 3 V. D. in aulâ sacrâ, PP. Belgii, fol. 42 67. — Vander Haer, trésorerie man. Bib. de Lille, hist. n.° 71 page 4.

Florimond, baron d'Alamour, bailli et gouverneur du
Pont-à-Mousson, et d'Anne-Marguerite d'Argenteau, dont
il eut Florimond-Claude, comte de Mercy, qui fut maréchal des armées de l'empereur, et mourut sans alliance,
le 29 juin 1734, à la bataille de Parme; il était le dernier membre de sa famille.

Cette maison portait pour armes un écu d'or à une croix
d'azur, l'écusson timbré d'une couronne à huit fleurs-de-
lis d'or [1].

XLIV.   1665. – REMY DU LAURY. – 1681.

Remy du Laury (du Laury, Remigius du Laury)
né vers 1607, était licencié en théologie et en droit-
canon et civil, chanoine gradué de l'église cathédrale de
Namur. Il fut élu doyen de la même ville en 1646, et
ensuite prévôt de la cathédrale en 1651; il devint le 13
mars 1665 prévôt de la collégiale de Saint-Pierre de Lille,
par résignation de Pierre-Ernest, baron de Mercy.

En 1676 la Magdeleine, qui de simple chapelle, sous
l'invocation de Sainte-Marie-Magdeleine, avait été érigée
en église paroissiale par le concours de l'un de ses prédécesseurs, Guillaume du Plouich, fut bâtie dans l'intérieur des murs de la ville, par les soins du prévôt Remy
du Laury, qui la construisit avec le consentement de l'é-
vêque; cet édifice a la forme d'une coupole et n'est pas
d'une architecture remarquable; le dôme ne fut élevé, dit-
on, qu'en 1713; le prévôt présentait et nommait par provision à la cure de cette église, en vertu de sa dignité
de prévôt.

[1] Voyez De Lobel, man. 89 v.° — (La Chesnaye-des-Bois) D.re her. gén.
II 506 V. 782. — Le Glay, Cameracum 119. — Man, Bib. de Lille, hist.
n.° 33, page 219. — Legroux. — Man. Bib. de Lille, hist. n.° 150, p. 195.

Remy du Laury avait une vive confiance dans Notre-Dame de la Treille, qu'il honora dans sa chapelle; il faisait partie de sa confrérie.

Il fit construire en 1679, par Arnould Quillyns (Quillinus) architecte et sculpteur, un reliquaire en forme d'armoire, sculptée en bronze. (On renfermait dans cette armoire plusieurs reliques, entr'autres la fierte contenant le saint lait de la sainte Vierge.) Elle était placée derrière l'autel et se trouvait enchâssée dans la grille qui entourait le chœur.

On voyait dans cette sculpture une inscription latine ainsi conçue :

« Deo teroptimo termaximo, — Dei-paræ semper immaculatæ — ac divis tutelaribus — quorum sacra lipsana — in hierogazophylacio basilicæ S. Petri insulensis — asservantur — devoto amoris et honoris affectu erigebat — Remigius du Laury præpositus, — anno æræ Christi 1679, ætatis 72. »

Le chanoine De Lobel nous apprend que Remy du Laury écrivit l'histoire des prévôts de Saint-Pierre sous la forme de notes développées (*Notas ampliss....*). Nous n'avons pas pu juger du mérite de cet ouvrage, car il paraît maintenant inconnu de tout le monde; mais plusieurs circonstances, trop longues à détailler, sont de nature à faire penser qu'il était le résultat d'une profonde et consciencieuse étude.

On donne quelquefois la qualité de messire à ce prévôt, cela équivalait à celle de chevalier. Remy du Laury habitait la maison de la prévôté lorsqu'il mourut, revêtu de sa dignité, le 13 novembre 1681.

Il portait un écusson d'**azur** au chevron d'argent, accompagné en chef de deux feuilles et en pointe d'une étoile à six raies de même, timbré d'une barrette et accompagné d'une cartouche portant cette devise : *Sola virtute* [1].

XLV.   1681.— HENRI BOCHART de champigny.— 1731.

Henry (Henri de Bochard de Champagny , Bochart de Champigny , Henricus de Bochart de Champigny) né en 1651 , était fils de Jean Bochart, septième du nom , conseiller du roi au grand conseil , maître des requêtes , intendant de justice en Normandie , mort en 1691 , et de Marie de Boivin, frère de Guy , chevalier de Malte , tué au siége de Nimègue en 1672 , et de Guillaume , évêque de Valence , mort le 14 juillet 1705.

Il devint prêtre, docteur ès-droit-canon et civil, nommé le 15 décembre 1681 prévôt de la collégiale de Saint-Pierre, et promu à ladite prévôté par Louis xiv , roi de France, le 18 (ou 28 , suivant le Cameracum) août 1685 ; abbé commandataire de Sainte-Marie-d'Auberive , conseiller, commissaire du roi au renouvellement du magistrat de la ville de Lille, en remplacement de Mᵉ Ghislain-Robert de Groz-Pretz , seigneur de Guorguehel , chevalier de l'ordre de Notre-Dame-du-Mont-Carmel , Saint-Lazare, du 1ᵉʳ novembre 1694 au 1ᵉʳ novembre 1707. Sa position difficile , pendant le séjour des alliés à Lille , le rendit suspect, il fut exilé par eux ; au retour des Français, ceux-ci le rappelèrent , et il eut encore la confiance des on roi , qui le nomma de nouveau au renouvellement de la loi du 1ᵉʳ novembre 1713 au 1ᵉʳ novembre 1730.

Il habita la maison prévotale , et y mourut le 11 février

[1] Voyez De Lobel, man. 89 v.° — Panckouke, 443 et d'après lui M. de Rosny, hist. de Lille 245, et Brun-Lavainne, Atlas 52.— Dibos, 74-75. — Gravure du reliquaire. — Le Glay, Cameracum 119.

1731 , à trois heures après-midi , âgé de quatre-vingts ans et dans la cinquantième année de sa dignité , regretté des pauvres dont il était le soutien, et de son église dont il était le bienfaiteur.

Le doyen et le Chapitre lui firent ériger un monument à Saint-Pierre qui portait cette inscription :

D. O. M.

« Hic jacet in subterraneâ sacelli cryptâ Henricus Bochart de Champigny , hujus ecclesiæ præpositus XLVᵘˢ Stæ Mariæ ad Ripamalbulæ abbas commendatarius , regius ad instaurationem magistratus Insulensis commissarius , cui non ob generis nobilitatem ac gentilitia multiplicis gloriæ decora , sed ob profusam in pauperes benignitatem , integritatem vitæ, suavitatem morum quibus Deo et omnibus placuerat, propter singularem in ecclesiam et capitulum benevolentiam , hoc pietatis et grati animi monumentum decanus et capitulum poni curaverunt. Obiit 2.ᵈᵃ februarii 1731 præposituræ annorum 50 , ætat. 80.

Quisquis es qui legis communis ecclesiæ et capituli parenti bene apprecare. R. I. P. »

La famille de Bochart de Champigny portait un écusson d'azur à un croissant d'or surmonté d'une étoile à cinq rais de même [1].

XLVI. 1731.-AUGUSTIN D'HERVILLY DE DEVISE.-1738.

De Devise (de Devisse , Augustin d'Hervilly , de Devise, Augustin-César d'Hervilly, de Devise) d'une famille originaire de Picardie, qui portait autrefois le nom de Le Cat, dont était Artus Le Cat, seigneur de Beaumont, qui s'allia avec Jeanne , dame et héritière d'Hervilly, à

[1] Voyez De Lobel, man. 89 v.° — Morerl. — Armorial man. A 171. — Le Glay, Cameracum 119. — Legrouz, man. Bib. de Lille, hist. n.° 98. — Cousin (Ambroise), man. Bib. de Lille, Frères prêcheurs, hist. n.° 96.

la charge, par ses descendants, de porter le nom et les armes d'Hervilly ; Devise est une terre de la prévôté de Péronne.

Il était chanoine et archidiacre de Cambrai, fut nommé par le roi prévôt de le collégiale de Saint-Pierre, en juillet 1731, fut mis en possession le 19 juillet 1732, à deux heures après midi, en l'absence du chantre, par Raymond-Louis de Valory, trésorier et chanoine ; il devint après évêque de Boulogne, en 1738, et mourut à Diéval, près de Béthune, le 11 octobre 1742.

Les Le Cat portaient de gueules à la tour d'argent ; la famille d'Hervilly porte de sable semé de fleurs-de-lis d'or. [1]

XLVII.   1738. – PAUL DE VALORY. – 1753.

Paul de Valory (Paul-Frédéric-Charles de Valory, et par erreur Paul-Charles-Frédéric) était fils de Charles-Gui de Valory, seigneur de la Chaire, etc., lieutenant-général des armées du roi, grand-croix de l'ordre de Saint-Louis, né le 24 septembre 1655, lequel avait été successivement ingénieur du roi, capitaine au régiment de Normandie, brigadier des armées de sa majesté en 1703, directeur des fortifications des places de Flandre, maréchal-de-camp en 1708, après la défense de Lille, lieutenant-général le 2 juillet 1710, après la défense de Douai, gouverneur du Quesnoy, après la prise de cette place, et celle de Douai en 1712, commandeur de l'ordre de Saint-Louis, après la prise de Landau et de Fribourg, dont il conduisit les attaques, et grand-croix du même ordre

[1] Voyez De Lobel, man. fol. 90 R.° — Haudicquier de Blancourt, 270-271. — Le Glay, Cameracum. 119-120. — Man. non cat. Bib. de Lille, hist. E K n.° 33, page 219. — Man. Bib. de Lille, hist. n.° 150, page 196.

en 1722. Il mourut au Quesnoy, le 3 juillet 1734, âgé de soixante-dix-neuf ans. Sa mère était Marie-Catherine Vollant, mariée le 23 juin 1669 ; elle était fille de Simon Vollant, écuyer, ingénieur du roi, grand argentier de la ville de Lille, morte le 31 janvier 1706.

Paul-Frédéric-Charles de Valory naquit le 23 septembre 1682, et devint docteur en théologie, prêtre, chanoine théologal de Saint-Pierre à Lille, abbé commandataire de Sauve, ordre de Saint-Benoît, au diocèse d'Alais, élu par le Chapitre, le 19 mai 1724, doyen de l'église collégiale de Saint-Pierre, à Lille, et nommé par le roi prévôt du même Chapitre en 1738, fut mis en possession le 25 août de la même année. Il institua, par lettres du 11 septembre 1739, Charles-Joseph Chevalier, prêtre et chanoine de Saint-Pierre, pour son vicaire. Il se démit de sa prévôté entre les mains du roi, en 1753, en faveur de son frère cadet qui lui succéda ; il se retira ensuite au séminaire de Saint-Magloire et mourut à Paris.

Paul de Valory descendait de Charles de Valory, chef des seigneurs de la Motte, qui écartela comme lui au 1 et 4 de sable, à l'aigle d'argent semé de croissants du champ, et portant sur l'estomac une croix de même, qui sont les armes des Valory d'Italie ; mais Lainé prétend que cette parenté n'est pas prouvée, et que les armes véritables sont celles des deuxième et troisième quartiers, au 2 et 3 d'or, au laurier de sinople au chef de gueules [1].

XLVIII. 1753. – JEAN DE VALORY. – 1760.

Jean de Valory, Valori (Joannes de Valory), frère

[1] Voyez De Lobel, man. 90 R.* — Moreri, § Valori, 453-455. — Cal. gén. de Flandre 1749, page 18 ; 1750, page 63. — Armorial man. A 65, 5.

de Paul qui précède , né le 6 avril 1694 , jumeau de
Joseph , qui mourut en bas-âge. Il devint prêtre , chanoine et doyen de la collégiale de Saint-Pierre, à Lille ,
et depuis prévôt de ce Chapitre, en 1753, par résignation de son frère ; il fut mis en possession le 24 décembre 1753 et mourut revêtu de sa dignité, dans l'hôtel des prévôts , le 2 février 1760. Il portait probablement les mêmes armes que son frère [2].

XLIX. 1760.-F.ᶜᵒⁱˢ DE VALORY DE LA POMMERAYE.-1789.

François-Marie de Valory (de Valory de la Pommeraye ,
Pomeraye, Franciscus Maria de Valory de la Pommeraye)
était fils de Paul-Gervais de Valory , seigneur de Launai,
de la Pommeraye , etc., qui avait été capitaine d'infan-
terie dans le régiment Dauphin , et de Rénée-Charlotte du
Plessis-d'Argentré , mariée le 25 mai 1703 , parent des
précédents prévôts.

Il naquit le 28 avril 1724. Nommé chanoine de la
collégiale de Saint-Pierre de Lille en septembre 1741 ,
abbé commandataire de l'abbaye de Saint-Gildas, ordre
de Saint-Benoit, au diocèse de Nantes, aumônier de
Mᵐᵉ la comtesse d'Artois, puis nommé par le roi prévôt
dudit Chapitre de Saint-Pierre, par brevet du 16 février 1760 , mis en possession en janvier 1760, en
la personne de M. de la Place , et lui-même fut reçu
avec les cérémonies accoutumées , le premier dimanche de
carême, après matines, le 8 février 1761 , et en prit pos-

— Le Glay, Cameracum 120. — Bib. de Lille, Vie de saint Cyprien, B M
théol. 18. — Man. hist. n.° 150, page 196.

1 Voyez De Lobel, man. 90 R.° — Moreri § Valori, 453. — Le Glay,
Cameracum 120. — Bib. de Lille, man. non cat. hist, E K. n.° 33, page
249. — Id. man. hist. n.° 150, page 196.

session ; il eut pour vicaire M⁰ Jean–François du Coulombier, secrétaire dudit seigneur-prévôt, lequel reçut, pour sa double mission, une procuration passée devant MM. François-Joseph Duriez et Louis–Joseph Legrand, notaires royaux, le 12 juillet 1760. Il résidait à son Chapitre ; mais la prévôté étant vacante en 1790, était-il mort sans avoir été remplacé ? — Nous ne savons, mais toutes les autres charges du Chapitre étaient occupées.

L'écusson que ce prévôt portait était le même que celui de Paul de Valory. Moreri affirme cependant que Gabriel Valory qui s'établit en France portait parti, et que, parmi ses descendants, les seigneurs de la Motte seuls portaient écartelés ; mais notre prévôt ne suivit pas cet usage, car son écusson, gravé en 1779 pour les livres de sa bibliothèque, est identiquement pareil à celui de ses cousins et à celui des seigneurs de la Motte [1].

DOYENS DE LA COLLÉGIALE DE SAINT-PIERRE.

Ingelran.	1095.	Guillaume.	1204.
Walon.		Martin.	1206.
Raoul.	1132.	Clément.	1211.
Eustache.	1162.	Foulques.	1217.
Amaury.	1185.	Thomas.	1220.
Guillaume.	1192.	Guillaume.	1230.
Martin.		Jacques.	1244.

[1] Voyez De Lobel, man. 90 R.⁰ — Cal. gén. de Flandre, 1771, page 121. — 1777, page 72. — 1780, page 76. — 1790, page 188. — Moreri § Valori, page 453-455. — Lainé D.ʳᵉ Verlcique, II 453-454. — Man. non cat. Bib⁺ de Lille, hist. E K n.⁰ 34, titre page 2. — Man. non cat. Bib. de Lille, hist. E K n.⁰ 33, page 219. — Man. Bib. de Lille, hist. n.⁰ 150, page 196. — Man. Bib. de Lille, théo. n.⁰ 7, blason.

Guillaume.	1247.	Wallerand de Hangouart.	1553.
Jean de Houssoie.	1275.	Louis Poutrain.	1559.
Guichard de Vienne.	1288.	Josse Van Den Berghe.	1588.
Etienne de Harticour.	.	Guillaume Gifford.	1595.
Herbert.	.	Philippe de Sion.	1607.
Alexandre de Valenciennes.	1338.	Jean Paris.	1643.
Gérard de Ferlin.	1354.	Josse Sion.	1649.
Jean de la Grange.	1397.	Pierre Pollet.	1658.
Jacques Oleary.	1411.	Martin de Flandre.	1663.
Jacques de Breubant.	1421.	Philippe Van Campenhout.	1668.
Jean de Carnin.	1423.	Charles Maguire.	1698.
Hugues de Lannoy.	1476.	Paul de Valory.	1724.
Philippe de Syron.	1481.	Léon de Ghistelles.	1738.
Jean Le Maistre.	1485.	Jean de Valory.	1753.
Guillaume de Poissy.	1500.	Antoine de Briois de Sailly.	1754.
Eustache de Tenremonde.	1504.	Robert Wullems.	1778.
Jacques de Rez.	1528.	Edmond Butler.	1782.
Pierre de Manchicourt.	1533.	Nicolas Angelin [1].	1789.

CURÉS DE LA PAROISSE DE SAINT-PIERRE.

Gilles Despons, mort le 15 février 1399..... — Martin Doulcet, 1667. — S. L. Derewaerde, 1689. — J. Henniart, 1710. — P. de Becker, 1733. — André Lefèvre, 1759. — J. Libert, 1762. — Jean Delecourt, 1765. — Dupont, 1775. — P. Gosse, 1780. — Demarécaux, 1783. — Louis Nolf, 1791.

[1] Pour la liste des Doyens, nous avons surtout suivi le *Cameracum christianum*, cet excellent livre dont M. Le Glay vient de doter la science, et auquel l'auteur nous a permis de faire de généreux emprunts.

CHAPITRE VII

Description de l'église collégiale de Saint-Pierre.

QUELQUE célébrité qu'ait eue parmi nous la collégiale de Saint-Pierre, il nous reste peu de documents sur sa forme extérieure et sur l'enveloppe dont l'art avait revêtu la pensée de Baudouin. Il semblait que les Lillois eussent rêvé pour leur chère église des destins immortels, et que, la croyant réservée à rester toujours debout parmi eux, ils n'eussent pas cru devoir léguer à la postérité son imparfaite et froide image [1]. Millin, qui l'a visitée peu de temps avant sa destruction, a laissé dans ses *Antiquités nationales* une gravure qui représente l'édifice pris du quai de la Deûle. On voit sa masse imposante, ses hautes fenêtres et ses arcs-boutants, élégants et capricieux. Le vaisseau était vaste et d'un style gothique ; l'église s'offrait majestueuse, profonde, un peu sombre et toute voilée de recueillement. Elle formait une croix latine ; sa voûte était

---

[1] La gravure que nous publions a été faite d'après quelques tableaux, appartenant à M. Gentil-Descamps, et quelques dessins, propriété de M. Vander Cruisse.

élevée et hardie, le chœur très-beau, très-imposant. L'autel
du chœur, construit à la romaine, était en marbre et surmonté d'un tableau peint par Lafosse, représentant Notre-
Seigneur donnant les clefs à saint Pierre. Cet autel était
orné de six chandeliers en argent massif, d'une grandeur
peu ordinaire et que le chapitre avait rachetés de la
fonte, lors de la taxe extraordinaire que lui avait imposée
Louis xv, en 1745, après la bataille de Fontenoy. Au-
dessus des élégantes stalles des chanoines, qui formaient
le pourtour du chœur, on voyait les écussons des chevaliers
de la Toison-d'or, et au milieu du pavé du sanctuaire,
sur une lame de cuivre, on lisait cette inscription :

« Chi gist très haus, très nobles et très puissans princes Bau-
dewins li-Debonnaires, iadis contes de Flandres, li onzimes, qui
funda cestes esglises et trespassa en lan de grace mil LXVII.

» Dites vo *Pater noster* pour lame. »

Le chœur était fermé par des grilles en fer d'un beau
travail, dont le style semblait appartenir au siècle de
Louis xiv.

La chapelle paroissiale se trouvait à gauche ; elle était
dédiée à saint Pierre ; le tableau de l'autel, peint par
Van Oost fils, représentait une sainte Famille. Deux piliers
de grès, de dix-neuf pieds de haut, et taillés d'une seule
pièce, soutenaient la voûte de cette chapelle. On y remarquait les bustes de saint Pierre et de saint Paul, sculp-
tés en marbre blanc par Quillyns, et offerts à l'église
par le chanoine Hugues De Lobel. Le saint Sacrement
se gardait toujours en la chapelle de Saint-Pierre.

La chapelle de Saint-Eubert, apôtre de Lille, était à
droite, au bas du chœur ; on y vénérait le corps du
Saint renfermé dans une châsse précieuse.

La chapelle de Notre-Dame de la Treille occupait presque tout le croisillon de l'église, à gauche. Elle était entièrement revêtue de marbre et éclairée par un dôme ;
sur l'autel s'élevait la statue révérée, placée à peu près
comme nous la voyons de nos jours à Sainte-Catherine;
les tableaux votifs, les anneaux, les bijoux, les chaînes,
suspendus aux lambris, rappelaient les misères qui avaient
obtenu en ce lieu soulagement et délivrance [1]. Près de
l'autel, l'on honorait la statue de Notre-Dame des Sept-
Douleurs, et l'on voyait deux tableaux représentant les
dernières scènes de la passion de Jésus-Christ, les dernières douleurs de sa mère, la descente de la croix et
Jésus mis au sépulcre. Les tableaux représentant les cinq
autres stations douloureuses étaient répartis dans la nef de
l'église. Enfin, au centre de la chapelle s'élevait ce
splendide monument que Philippe-le-Bon avait érigé à la
mémoire de son aïeul, Louis de Mâle. Le tombeau, élevé
de terre de plusieurs pieds, était formé de larges dalles
bleues, dernier lit sur lequel dormait l'effigie du dernier
comte de Flandre, couché entre sa femme, Marguerite
de Brabant, et sa fille, Marguerite de Flandre, épouse
de Philippe-le-Hardi. Ces trois statues, de grandeur naturelle, étaient en cuivre. Louis était complètement armé,
portant le haubert et les brassards; mais comme il était
mort dans son lit, il n'avait ni casque, ni gantelets;
sa tête était couverte d'une toque, où étaient figurées des
pierres précieuses et ses mains nues étaient jointes pour

---

[1] « Rien ne manque à présent à la splendeur de cet autel : ni reliquaires,
» ni tableaux d'argent, ni lampes, ni chandeliers, ni treille d'argent, ni
» diadème d'or, ni perles, ni rubis, ni diamants; chacun aimait mieux que
» toutes ces richesses fissent de l'éclat sur l'autel, et dans la chapelle de Notre-
» Dame de la Treille, que dans leurs maisons ou sur leurs buffets domes-
» tiques. » (VINCART, *Histoire de Notre-Dame de la Treille.*)

la prière éternelle. A sa ceinture pendaient la dague et l'épée ; le bouclier portant le lion noir de Flandre reposait à sa gauche. Un coussin supportait sa tête, et ses pieds s'appuyaient sur un lion. Derrière lui, deux anges soutenaient son cimier. Les deux Marguerite, couchées à ses côtés, étaient enveloppées de longues draperies ; elles portaient un ample surcot sur leur cotte hardie ; un manteau et un long voile, mêlé aux tresses flottantes de leurs cheveux, complétaient leur costume. Deux lévriers étaient sous leurs pieds, et des anges portaient à leur chevet leur écu blasonné. Autour du tombeau, dans des niches gothiques, on voyait les statuettes de vingt-quatre princes et alliés des maisons de Flandre et de Bourgogne, et aux quatre angles, les images des saints évangélistes. Une longue inscription complétait ce mausolée. On pense, d'après de fortes raisons, que ce monument si précieux pour l'histoire et les arts fut, en 92, non pas jeté dans le creuset, mais vendu à l'étranger, et que la tombe splendide du dernier de nos comtes, quoique perdue pour nous, existe encore au fond de quelque province d'Espagne. La décoration de la chapelle de Notre-Dame était complétée par des portes en cuivre ciselé, d'une grande richesse. On y remarquait aussi une urne en marbre précieux. Dans cette même chapelle, s'élevait un autel dédié à sainte Anne.

Les autres chapelles étaient dédiées à la Très-Sainte Trinité, à saint Jérôme, à saint Adrien, à saint Thomas de Cantorbéry, qui avait un autel aux lieux où jadis il reçut un asile, à saint Martin, à saint Éloi, saint Nicolas, saint Nicaise, saint Hubert, saint Jean l'évangéliste, saint Georges, sainte Walburge, sainte Catherine, et enfin à la sainte Croix.

La chapelle placée derrière le chœur se nommait des premières Messes; on y célébrait au lever du jour et on y donnait la sainte communion.

Une chapelle dédiée à l'archange Saint-Michel s'élevait à côté de la maison des enfants de chœur; elle avait, pensons-nous, une sortie sur le cimetière. Cette chapelle était desservie par les chapelains de Saint-Pierre, et avait des fondations particulières. On y célébrait spécialement la fête de Saint-Jean Porte-Latine et celle du saint Archange, le 29 septembre. On vénérait dans la chapelle de Saint-Michel l'antique image de Notre-Dame des Affligés, invoquée autrefois sous le nom de Notre-Dame du Palais, dans la chapelle bâtie vers 1150, par Théodoric Elsace, ou Thierry d'Alsace. En 1563, ce sanctuaire fut acheté par le magistrat de Lille, pour la construction du port, et la sainte Image fut transportée dans la chapelle du bienheureux Archange, où des faveurs sans bornes attirèrent le concours et la dévotion du peuple [1].

Une autre chapelle s'élevait sous le vocable de Notre-Dame de Miséricorde, riche en ornements et en argenterie.

La chapelle de Saint-Adrien était ornée d'un tableau de Bergame père, représentant le martyre du Saint, et une toile d'Arnould de Vuez, représentant sainte Cécile, décorait une des chapelles du chœur.

Près d'un pilier était adossée une colonne gothique qui portait un groupe sculpté en relief; il représentait Philippe-le-Bon soutenu par son patron, l'apôtre saint Philippe. Le prince était représenté armé, ayant à ses pieds son

[1] Voir les *Sanctuaires de la Mère de Dieu*, tome 1.

casque et son bouclier. Il était dans l'attitude de la prière ;
au-dessous se lisait cette inscription :

« Anno Domini MDCCXXXIV, Philippus, dux Bourgundiæ, comes
Flandriæ, et Isabella ejus uxor, filia Joannis regis Portugalliæ. »

Un buste en marbre, d'une belle exécution, représentait le prévôt Remy du Laury ; il ornait une custode où
l'on renfermait les plus précieuses reliques de la Collégiale.

Plusieurs tombeaux remarquables, ou par le travail, ou
par les souvenirs, attiraient aussi l'attention. Celui de
Wallerand des Aubeaux, le représentait entre ses deux
épouses, couché sur un cénotaphe, orné de feuillages où
s'entrelaçaient les lettres initiales de son nom. C'est à ce
même Wallerand des Aubeaux, que la Collégiale avait dû
la construction de la chapelle de Saint-Adrien, en 1457.

Le monument de Hugues de Lannoy rappelait un nom
cher à l'histoire de Flandre. Il était représenté de grandeur naturelle, en habit de guerre, et couché à côté de
Marguerite de Molembais, son épouse. Une longue épitaphe rappelait ses voyages, ses combats, sa piété envers
Dieu, sa générosité envers les pauvres, sa fidélité envers
son maître. Ce seigneur, *le plus vieil chevalier de la
Toison*, était décédé l'an mil IIIIᵉ LVI. Son tombeau se trouvait en la chapelle de Saint-Michel.

Un bas-relief placé dans le cloître, sur la tombe de
Gilles du Châtel, mort en 1403, représentait Dieu le
Père couronnant le Sauveur du monde, et ayant à ses
pieds le chevalier Du Châtel, à genoux entre saint Georges
et saint Michel. C'était un monument assez curieux pour l'art.

Du côté de la sacristie, on voyait le portrait de Bauduin de Lens, gouverneur de Lille, (n) seigneur d'Annekin,
maître des arbalétriers de France ; revêtu d'une cotte armo-

riée à ses armes (écartelées d'or et de sable au bâton de gueules engrêlé brochant sur le tout); au-dessous du portrait se lisait une inscription. Bauduin de Lens était glorieusement mort à la bataille de Cocquerel, journée mémorable, où Bertrand du Guesclin défit les Anglais et les Navarrois, et fit prisonnier le Captal de Buch. 23 mai 1364.

Des médaillons, des bustes, des figures en pierre représentant les personnages marquants ensevelis dans l'église, ornaient les murs du chœur et des chapelles; tout y rappelait la majesté de la mort; les épitaphes et les emblèmes disaient à la fois la brièveté de la vie et les vertus de ceux qui, dans ces caveaux, attendaient l'heure de la résurrection. Maintenant, nos églises dépouillées ont perdu ces enseignements; nul souvenir de famille et de patrie ne s'attache plus à leurs murailles, et n'étant plus les dépositaires, les gardiennes du passé, elles sont devenues moins douces à la génération présente. Heureux ceux qui vécurent dans les siècles de foi! L'église était tout pour eux : ils y trouvaient l'histoire de leur pays et celle de leur race, les tombeaux de leurs pères ouverts aux pieds des autels, et leurs plus chers souvenirs auprès de leurs plus vives espérances!

Parmi les épitaphes, intéressantes par le style, l'antiquité ou les souvenirs qu'elles retracent, nous citerons celles-ci :

ÉPITAPHE DE JEAN SIX, SECOND ÉVÊQUE DE SAINT-OMER.

D. O. M.

« Reverendissimo in Christo patri dom. D. Joanni Six, philosophiæ ac theologiæ quondam Lovanii magna cum laude pro-

fessori, deindè in parochiali ecclesiâ S. Stephani hujus oppidi
aliquot annis pastori vigilantissimo, indè ob virtutem et merita
ad canonicatum Audomarensem assumpto, postea reverendissimi
D. Gerardi ab Hamericour primi episcopi audomaropolitani vicario
generali ac tandem in episcopatu successori, dùm ac synodum pro-
vincialem fidei ac religionis ergò proficisceretur febri correpto,
ac in hoc oppido ubi vitæ acceperat initium 4.° id. octobris, anno
1586, ætatis vero suæ 55 vitâ functo, et è regione chori tumu-
lato Jacobus Willant ex sorore nepos, et hujus ecclesiæ canonicus, avunculo optimè de se merito, mœstus posuit, et quem
vivens vnice coluit, eum moriens voluit in tumulo habere socium. »

Près de la chapelle de Notre-Dame de la Treille, on
lisait :

« Cy-gisent les corps de Jehan de Preudhomme de Chysoing,
vivant escuyer, S.ʳ de Fossemarez, premier médecin juré de la
ville de Lille, terminé le 22 de novembre 1683. Auprès de lui
Antoine-Eubert, son fils, et dam.ˡᵉ Elisabeth Bernisse à son tres-
pas compaigne dudit S.ʳ de Foussemarez. R. I. P. »

Près de la chapelle paroissiale :

Chy dessous gist honorable personne maistre Jehan Hibert, en
son vivant secretaire de monseigneur le duc de Bourgoigne et de
Brabant, etc., greffier de son ordre de la Toison-d'or, qui trespassa le   du mois d'apuril l'an de grâce mil CCCCLVI. Priés
pour lame. »

En la même chapelle :

« Cy gist monsieur Robert Imbert, vivant prêtre licentié es-
droits, chantre et chanoine de ceste esglise, fils de feu Nicolas,
en son temps ecuier seigneur de Lafalesque, Baseque, etc., décédé 1614, lequel a fondé en ceste dite esglise une messe tous
les jours de l'an, à célébrer par messieurs les chanoines, et une
autre chantée chacune semaine de l'an, à l'honneur des sept-douleurs de Notre-Dame, en sa chapelle ditte de la Treille, avec

distribution à sept pauvres, présens à ladite messe, de quatorze patars chacun, qui mourut le 22 juing 1645. R. I. P. »

Dans la chapelle de Saint-Adrien :

« Ci-devant gist Noël Bridoul, S.ʳ de Verderne, grand-bailly et receveur du célèbre monastère de Marquette ; termine vie par mort, le 21 de feb. l'an 1635. Lequel vivant s'étudia plus à laisser un bon nom que beaucoup de richesses, car bonne grâce est par-dessus or et argent. *Prov.* XXII. »

MEMORIA MIRABILIUM DEI.

Dans la chapelle de Saint-Eloy :

« Ci-gist venerable personne maistre HENRY DES PRETZ, prestre, en son temps, chanoine de ceste esglise et fondateur de la feste de la Transfiguration Nostre-Seigneur, qui se celebre le VI.ᵉ jour d'aoust, et termina sa vie par mort le VI.ᵉ de juillet XV.ᵉ LVII. »

Devant la chapelle de Saint-Pierre :

« Ci-devant gist le corps de noble, vénérable, sage et vertueux seigneur messire François de Rosimbos, en son vivant prevost de ceste esglise Collegiale et someiller de l'oratoire de feu l'empereur Charle V.ᵉ et depuis du roi son fils, qui trespassa le 22 de septembre 1558. Prie Dieu pour son ame. »

« Noble et puissant seigneur messire Maximilien de Longueval, S.ʳ de Vaux, etc., etc., gouverneur et capitaine des villes et cité d'Arras, nepveu audit seigneur, lui a faict faire cette mémoire. »

En la petite nef de l'église, proche la grande sacristie, on voyait l'épitaphe de Eustache de Ribemont, chevalier, gouverneur de Lille, décédé à la bataille de Poitiers, le 19 septembre 1356 :

« A la bataille de Poitiers,
Entre plusieurs bons chevaliers,

Demoura, dont ce fust dommage,
Celuy-cy par son vasselage;
Et avait comme on lit à dont
Nom Eustache de Ribemont;
En guerre fust prompt et habile,
Seigneur de Poucques et de Neuville;
Lequel, quand fust cette journée
De chacun crainte et redoutée,
Monté sur un cheval puissant,
Les armes de Meulun portant,
Auquel faict d'armes mourut,
Par faute d'être secouru,
En septembre, le jour XIX, l'an mil III.e LVI.
En saint lieu de grâce, Dieu veille le colloquer,
Pour son ame, on doit bien prier. »

E. de Ribemont était chevalier, vassal de Jean, vicomte de Melun, chambellan de France.

Derrière l'autel du chœur :

« Cy-gist venerable seigneur mons.r Wallerand Hangowart, p.tre chanoine et doien de ceste esglise, prevost de Saint-Barthélémien à Béthune et de Saint-Amez, à Douay, premier chancelier de l'université, nouvellement erigée au dict Douay, et aulmosnier de feu de très bonne memoire Charle v.e empereur, et de Philippe roy d'Espagne, conte de Flandre. Lequel suivit ledict seigneur empereur, son bon maistre, es voyages d'Allemaigne, Italie, Espaigne et Argiere; et luy at en l'esglise de cœur fondez ung obit perpetuel, ayant legaté bonne partie de ses biens, à l'advencement du séminaire de ceste esglise, et fondé dix-huict prebendes de pauvres anciens hommes, ausquels se trouvant journellement a la messe de prime au cœur de ceste dicte esglise, sont par semaine distribué a chacun dix-huict patars flandres, par le receveur aiant pour son sallaire pareille somme que l'un des dicts pauvres, et faict plusieurs addresses a ce Colliège, à sa patrie, et à plusieurs gens de bien, et trespassa le XIX.e jour de janvier an XV.e LXVII. Prie Dieu pour son ame. »

Près d'une porte, la longue épitaphe de Wallerand de Crudenare [1], prêtre et chanoine, qui, entr'autres fondations pieuses, institua en la Collégiale la fête du saint Nom de Jésus, l'an 1536.

On remarquait aussi l'épitaphe de Pierre De la Zype, docteur en droit, mort subitement au moment où il priait devant l'autel de Notre-Dame de la Treille. Elle était gravée sur une lame de cuivre, et conçue en ces termes :

« Chy-gist messire Pierre de la Zype, jadys docteur en loys, chevalier, seigneur d'Antreghem, conseiller de Mgr. le comte de Flandre Louys, et de Philippe-le-Hardy, duc de Bourgogne, etc., etc., gouverneur du souverain bailliage de Lille, Douay, Orchies et des appartenances, premier président de la chambre du conseil, qui trespassa le 29 de febvrier 1404. Priés pour l'ame. »

Un *obit* était fondé à son intention et à celle de Marie de Dixmude, son épouse. Il est rapporté dans l'obituaire de Saint-Pierre.

Dans la chapelle de Saint-Pierre, au-dessous d'une image du Très-Saint-Sacrement :

ECCE PANIS ANGELORUM.

« A l'honneur de Dieu et pieuse memoire de très hault et très puissant roy des Espaignes et des Indes, Philippe II que Dieu absolve, Jehan Bauwet, chapelain de sa dicte majesté catholique et chanoine de ceste esglise, m'a donné et faict faire, l'an 1611. *Orate pro eis.* »

Les fenêtres de l'église renfermaient pour la plupart des vitraux coloriés. On y lisait quelques inscriptions intéressantes. Nous citerons celle-ci :

[1] Wallerand de Crudenare a écrit l'histoire des miracles de Notre-Dame de la Treille ; il est cité par Martin L'Hermite. (Histoire des SS. de Lille, etc. etc.)

« A l'honneur de Dieu et mémoire de feu le bon seigneur cardinal de Saint—Marc, patriarche d'Aquileige, et de ses nobles
parens Eugène iii.e et Paulus, jadis pape de Rome, tous natifs
de la cité de Venise, Robert Gilleson[1], prestre, escollâtre et chanoine de ceste esglise, natif de la Bassée, ancien serviteur audict
cardinal, en son vivant, m'a donnée et faict faire 1527. Priés
pour leurs ames. »

Sur la vitre au—dessus du portail des cloches, on voyait
un saint Pierre, avec les mots :

Domine, quo vadis?

et la figure du Sauveur, répondant :

Vado Romam iterum crucifigi.

L'orgue était au-dessus du grand portail, il était beau
et d'une large facture.

Parmi les dévotions célèbres de saint Pierre, on comptait
la visite des sept autels, pieux pèlerinage auquel les souverains pontifes Innocent xi et Clément xi ont attaché
des indulgences et qui se pratique en mémoire des sept
basiliques de la ville éternelle [2]. On visitait tour-à-tour,
dans l'église Collégiale, l'autel paroissial, l'autel de
Notre-Dame de la Treille, celui de Sainte-Catherine,
celui de Saint-Pierre, celui de Saint-Michel, celui de
Saint-Hubert et celui de Saint-Adrien. On récitait, à
chaque station, une oraison propre, le *Pater* et le *Credo* [3].

[1] La cour Gilleson, existant encore de nos jours, fut bâtie sur une propriété de ce chanoine.

[2] Saint-Pierre, Saint-Paul, Saint-Jean-de-Latran, Saint-Laurent, Sainte-
Croix-en-Jérusalem, Sainte-Agnès *hors des murs*, et Saints Marcellin et
Pierre sur la voie Lavicane.

[3] Voir *Pratique pour visiter les sept autels en l'église collégiale de Saint-
Pierre.* Brochure chez J. Brovellio.

Le premier lundi de chaque mois était particulièrement réservé à l'exercice de cette dévotion.

Les cérémonies religieuses s'accomplissaient en l'église de Saint-Pierre avec beaucoup de pompe et de solennité. Les matines, la grand'messe et les vêpres se chantaient tous les jours en chant grégorien, par un grand nombre de voix belles et exercées, et on y mêlait des motets et des morceaux choisis, exécutés par des musiciens attachés au service du chapitre. Les *Saluts* du Saint-Sacrement, ceux de la Sainte-Vierge se chantaient en grande musique, ainsi qu'une messe, fondée par Philippe-le-Bon, et qui se célébrait tous les samedis, en la chapelle de Notre-Dame de la Treille. Les chanoines faisaient aussi l'office de Notre-Dame des Sept-Douleurs, dont le culte était et est resté en honneur parmi nous.

Outre la procession de Notre-Dame de la Treille, communément appelée la *Festivité nouvelle*, celle du vœu de Louis XIII se célébrait avec une splendeur remarquable. Les magistrats y assistaient, tenant à la main une petite bannière, sur laquelle était peinte une fleur de lys, armes de la ville; au nombreux clergé de Saint-Pierre, s'unissait celui des autres paroisses, les ordres religieux, portant les bannières et les reliques des Saints, les corps de métier, accompagnés de leurs étendards et des châsses de leurs bienheureux patrons, la garnison tout entière sous les armes, escortait la procession. Derrière le saint Sacrement marchaient les dignitaires de la ville, séparés de la foule par des barres de bois, que portaient des valets, vêtus aux couleurs de la cité.

Autour de l'église collégiale se trouvait le cimetière où s'élevait un grand calvaire. Une partie de ce cimetière était réservée à la sépulture des chanoines et des chapelains [1]. Les maisons qui forment aujourd'hui la partie gauche de la place du Concert s'appelaient le cloître et étaient habitées par les prêtres attachés à la Collégiale, et sur toutes les propriétés appartenant au Chapitre, on voyait ses insignes, consistant en deux clefs croisées. Les armes du Chapitre étaient de gueules à deux clefs d'or, mises en sautoir.

Passons au détail des richesses que renfermait la sacristie; trésors précieux, reliques inestimables pour la foi, et qui, pour la plupart, ont été confondues, par de sacrilèges mains, avec la poudre des ruines et la fange des pavés, en attendant ce jour où un souffle vivifiant ranimera cette poussière glorieuse et rappellera en elle l'esprit noble et sublime qui jadis l'a animée.

1° Un morceau considérable de la vraie Croix. Cette relique avait la forme d'une croix archiépiscopale, sa hauteur était d'un pied environ et elle avait un pouce d'épaisseur. Une des traverses était moins longue que l'autre. La châsse, qui renfermait cet inestimable trésor, était couverte d'ornements d'or et d'argent et enrichie de pierres précieuses. On l'exposait à la vénération des fidèles, le 14 septembre et le 3 mai, jours de l'Exaltation et de l'Invention de la Sainte-Croix. Sauvée au moment de la révolution, ce bois sacré est maintenant en la possession de l'église de Saint-Étienne.

2° Le piédestal en argent, qui soutenait une statue de Saint-Jean l'évangéliste, également en argent, contenait un fragment considérable du tombeau de Notre-Seigneur. C'était un don de Jehan de Carnin, autrefois doyen et chanoine de la Collégiale de Saint-Pierre.

---

[1] Place du Concert, à l'endroit où est bâtie actuellement la maison de M. Brame.

3° Quelques reliques de la bienheureuse Vierge Marie. On conservait quelques-uns de ses cheveux et un peu de lait [1], sorti miraculeusement d'une de ses images. Le saint lait était conservé dans une petite colombe d'argent que portait un ange, dont la statue était moitié argent, moitié vermeil. Les cheveux de la sainte Vierge étaient renfermés dans un globe en or. Une châsse magnifique, environnée de statuettes d'un fort beau travail, contenait le globe et la colombe, et ce précieux reliquaire faisait le principal ornement de la procession de Notre-Dame de la Treille; il était porté par des chapelains, revêtus de l'aube et de l'étole.

4° Le corps de saint Eubert, évêque, confesseur et premier apôtre de la ville de Lille. La tête se trouvait dans un reliquaire particulier, et le corps était renfermé dans une châsse d'argent, d'une dimension considérable.

5° Un grand nombre d'ossements des compagnes de sainte Ursule, vierge et martyre.

6° La moitié d'un anneau de la chaîne de saint Pierre, apôtre, suspendu au pied d'une image d'argent représen-

---

[1] Les reliques du saint Lait sont assez nombreuses: la cathédrale de Rheims possédait une chapelle érigée sous ce vocable; une autre relique était conservée dans l'abbaye de Sainte-Croix, à Poitiers. Qu'on nous permette de citer, à ce propos, quelques lignes éloquentes de l'auteur de la Vie de sainte Elisabeth, qui est entré si profondément dans l'esprit et la piété du moyen-âge. « Dans l'esprit de ces siècles où il y avait une si grande surabondance » de foi, deux fleuves avaient inondé le monde. Il n'avait pas seulement » été racheté par le Sang de Jésus-Christ, il avait été purifié par le lait » de Marie, par ce lait qui avait été la première nourriture de Dieu sur la » terre et qui lui avait rappelé le ciel. Il avait sans cesse besoin de l'un et » de l'autre, du sang adorable qui encourage les martyrs et du lait virginal » qui adoucit nos amertumes en apaisant la colère de Dieu. » (Montalembert, *Vie de sainte Elisabeth de Hongrie*, Introduction.)

Une tradition constante affirmait que le saint Lait, gardé dans le trésor de la Collégiale, avait jailli d'une statue devant laquelle saint Bernard priait avec ardeur.

tant le même Saint. Les personnes malades de la fièvre buvaient l'eau dans laquelle on avait trempé cet anneau, et on lui attribuait des vertus miraculeuses.

7° Un ossement assez considérable du chef des Apôtres.

8° Un ossement et quelques cheveux de sainte Concorde, nourrice de saint Hippolyte.

9° Une partie du bras de saint Donatien, archevêque de Reims. Il était renfermé dans un bras d'argent, donné par Louis Domessent, trésorier et chanoine de Saint-Pierre.

10° Une partie du bras de saint Macaire [1], patriarche d'Antioche. Cette relique provenait de l'église de Saint-Bavon de Gand, et elle avait été donnée en présent par Bauduin de Lille, en l'an 1067.

11° Une relique insigne de saint Jean-Baptiste, donnée par Jean de Rive, en 1464.

12° Un fragment considérable de la peau de saint Barthélémy, apôtre; on le devait à Jean Bawet, chanoine de Béthune.

13° Un fragment du crâne de saint François de Sales.

La sacristie était infiniment riche en vases d'or et d'argent, bijoux, ostensoirs, reliquaires, dont la valeur matérielle était surpassée par l'art délicat et spiritualiste du moyen-âge. Millin a dessiné quelques-uns de ces précieux objets, et ces reproductions ne peuvent qu'augmenter de stériles regrets, causés par des pertes irréparables. Parmi ces joyaux rares et curieux, on voyait une corne d'ivoire, avec une bordure richement travaillée et une

---

[1] Le corps de saint Macaire, patriarche d'Antioche, avait été donné à la ville de Gand par Bauduin IV, à la belle Barbe. Oudegherst raconte qu'en 1057, une maladie contagieuse décima la Flandre, et qu'on dut la cessation de ce fléau aux prières du saint archevêque. (Oudegherst, tome 1er p. 250.) Le corps de saint Macaire est vénéré de nos jours encore dans la cathédrale de Gand.

inscription en une langue étrangère, mais qui semblait se rapprocher de la langue danoise. En certaines contrées, on confirmait la donation d'un fief, en offrant une corne semblable. Bauduin avait-il donné celle-ci aux chanoines de Lille, lorsqu'il leur avait cédé une si large part de ses domaines ?

On est convaincu, par d'anciens documents, que la ville de Lille avait pris soin, à maintes reprises, d'enrichir la Collégiale de Saint-Pierre.

L'an 1393, la ville de Lille donna une pièce de drap d'or à mettre sur la fierte de Notre-Dame le jour de la procession de Lille.

L'an 1434, la ville donna un autre drap d'or comme l'autre an, etc., etc [1].

La liste des ex-voto offerts à Notre-Dame de la Treille était également très-nombreuse. Parfois on lui offrait des fleurs, comme on le voit par un extrait des fondations aux hospices de Lille.

Le 14 avril 1458, le Chapitre de Saint-Pierre donne à l'hospice des Béguines un terrain sur la place hors du Béguinage, à charge d'un chapeau de roses, violettes, et autres fleurs selon la saison, pour l'image de Notre-Dame de la Treille.

[1] Manuscrits de la bibliothèque de M. Vander Cruisse.

CHAPITRE VIII

Bibliothèque de la Collégiale de Saint-Pierre.

A l'extrémité du cloître qui environnait la Collégiale, se trouvait un escalier menant à la bibliothèque. Avant d'entrer dans la salle, on voyait de très-anciens portraits de dames et de chevaliers et quelques tableaux d'armoiries. La salle était ornée d'un grand nombre de portraits de papes, d'évêques de Tournay, de quelques chanoines et de plusieurs gouverneurs de Lille ; on y remarquait aussi un portrait de Descartes.

La fondation de cette bibliothèque était ancienne ; déjà, en 1212, Guillaume, archidiacre de Valenciennes, lui donnait huit volumes de théologie ; en 1289, Pierre de Munio, chanoine, lui faisait don d'ouvrages sur le droit canon ; on y voyait des manuscrits intéressants sur les fondations et les dépenses de la ville de Lille, et sur un pupitre, un livre enchaîné, comme ces *Bibles des pauvres*, qu'on exposait dans les églises du moyen-âge, contenait les plus anciens titres de la Collégiale.

Des *heures* précieuses, enrichies de miniatures, attiraient les yeux, non moins que des éditions anciennes,
datant de l'origine même de l'imprimerie, dès avant 1500.
Les savants trouvaient dans cette collection les recueils
des Bollandistes, des Concilles, des Historiens de France,
les ouvrages de Montfaucon, les traductions classiques à
côté des originaux; les curieux y rencontraient des manuscrits uniques tels que celui qui avait pour titre : *Entrée
solennelle de leurs altesses sérénissimes Albert et Isabel-
Clara-Eugenia, princes et souverains seigneurs de ces
Pays-Bas, faicte dans la ville de Lille, le cinq février
1600*, etc., etc.

Des documents généalogiques, des dessins représentant
des monuments depuis longtemps disparus, formaient cette
collection, et, obéissant à cet esprit libéral qui animait
ses actions, le Chapitre, en 1726, ouvrit l'entrée de cette
bibliothèque au public. Disons-le avec joie, une grande
partie de ces richesses intellectuelles échappa au naufrage
de 93 et se retrouve, soit aux archives, soit à la bibliothèque de la ville de Lille.

CHAPITRE IX

Ecoles fondées par le chapitre de Saint-Pierre.

SEMBLABLE à une tutrice habile, qui retient dans sa prudente main les trésors que foulerait aux pieds un ardent et fougueux jeune homme, l'Eglise, au moyen-âge, dispensait avec sagesse à la jeune société chrétienne le dépôt des lettres et des arts que lui avait transmis la société romaine expirante. Elle conservait, dans l'enceinte des cloîtres, et le goût de l'étude et les richesses qui l'alimentent; et mesurant. les besoins et l'époque, elle répandait au dehors les lumières vivifiées dans son sein. Les clartés de la foi et de la science rayonnaient de tous ces grands centres catholiques : monastères, chapitres, écoles théologiques. La Collégiale de Lille ne fut pas infidèle à cette mission : berceau de la ville, elle devint aussi le phare intellectuel qui l'éclaira.

Personne n'ignore la manière dont s'est fait l'enseignement durant le moyen-âge. Les écoles étaient placées auprès des autels, à l'ombre du sanctuaire. Les Canons des

Conciles, les Capitulaires des souverains chargeaient de l'instruction publique les corps ecclésiastiques, monastères ou chapitres ; et ces derniers ont toujours eu des prébendes préceptoriales, et des écolâtres, dignité qui accordait à celui qui en était revêtu, la direction de l'enseignement et la surveillance de la jeunesse.

Les écoles créées par le chapitre de Saint-Pierre remontent à l'origine même de la fondation de la Collégiale. Dès le xi.e siècle, Raimbert y rassemblait autour de sa chaire une jeunesse studieuse (1090) ; et, pendant plus de quatre siècles, jusqu'en 1535, ces écoles subsistèrent seules et furent seules chargées de l'instruction publique. On y professait, outre les premiers enseignements destinés à l'enfance, les langues grecque et latine, la philosophie et la théologie. Un grand nombre de bourses y étaient fondées en faveur des enfants intelligents et pauvres ; et, désirant élargir encore le cercle des études, le Chapitre abandonna, en 1556, une prébende de chanoine à ces écoles, qui prirent dès-lors le titre de collège.

Le collège de la ville fut fondé en 1572, et confié à ces aimables et savants instituteurs dont la Compagnie de Jésus a doté la jeunesse. Le Chapitre voulut s'associer à cette belle et utile fondation, en offrant aux Pères jésuites le bénéfice d'Esquermes, à charge par eux de fournir un prédicateur à la Collégiale.

Au 18e siècle, le collège de Saint-Pierre était situé rue du Glend, aujourd'hui rue de la Préfecture ; il se composait d'un principal [1], de deux sous-principaux et de sept professeurs, tous ecclésiastiques, et il avait pour directeur le

---

[1] Adrien Roulers, prêtre, principal du collège Saint-Pierre, écrivit une tragédie, ayant pour titre : *Stuart, ou la mort de Marie, reine* d'Ecosse. Cette pièce fut imprimée à Douai en 1593.

chanoine-écolâtre. Les études s'y poursuivaient jusqu'à la rhétorique inclusivement. Les élèves qui se distinguaient par l'application et la capacité étaient, à la fin du cours d'humanités, envoyés à l'Université de Douai, afin d'y continuer leurs études; et les bourses qui leur étaient conférées les mettaient largement au-dessus des besoins de la vie et des obstacles financiers qui, trop souvent de nos jours, rendent la science inabordable aux fortunes ordinaires. Ces généreuses fondations, ces legs si utiles et si libéraux se virent supprimés par la révolution; et ce changement social qui, en abaissant tous les rangs sous un même niveau, a rendu pour tous l'instruction de plus en plus indispensable, en a rendu aussi les abords plus onéreux et plus difficiles. C'est au prix des plus durs sacrifices que le père de famille procure aujourd'hui à son fils ce bien précieux qu'autrefois il eût recueilli si facilement sous l'aile maternelle de l'Eglise, à l'aide de puissantes et nobles dotations. A la vue des aspérités du présent, ne soyons pas ingrats envers un passé, plus charitable et plus doux, et que les Lillois surtout saluent avec un regret mêlé de reconnaissance ces écoles de Saint-Pierre qui, durant six siècles, répandirent autour d'elles la foi, la morale et l'instruction!

CONCLUSION

Près de soixante ans se sont écoulés, depuis que le monument dont nous avons essayé, en quelques pages faibles et imparfaites, de retracer l'image et de ressusciter les souvenirs, a disparu de la surface de la terre. Rien n'est resté debout; nulle ruine chancelante, nulle colonne rongée par la mousse, n'évoque le fantôme de l'église célèbre qui, jadis, abrita la ville naissante à l'ombre de ses jeunes murailles : le souffle des révolutions a balayé ces pierres où palpitait le passé; l'insouciance des hommes a fait le reste... Ils ont élevé leurs demeures d'un jour sur les fondations de l'édifice qui résista à tant de siècles; le temple de leurs plaisirs rit aux lieux où, peut-être, dorment encore sous le pavé les ossements de leurs aïeux; la justice rend ses arrêts à la place où jadis s'immolait chaque jour l'Agneau, victime du monde : tout est changé, tout est transformé, et cependant ni les révolutions, ni les travaux des hommes n'ont pu combler le vide que la spoliation de 93 a laissé dans notre ville.

L'église collégiale, cœur de la cité, n'a pas été remplacée. Ce je ne sais quoi, que trop souvent l'on nomme *hasard*, que les chrétiens appellent *Providence*, ce je ne sais quoi qui préside à l'arrangement des choses d'ici-bas, n'a pas permis qu'une autre église, chapelle détachée de quelque monastère, vînt remplacer la chère église de Bauduin, et devînt le centre de la paroisse sans temple et sans pasteur.... La paroisse de Saint-André, celle de Saint-Étienne ont subi ces arrangements; Saint-Pierre seule n'a pas été reconstituée... Elle existe, non pas dans une substitution imparfaite, mais dans le souvenir et dans l'espérance, dans l'image de ce qu'elle fut, dans l'espoir de ce qu'elle pourrait être.

La paroisse mutilée a vu partager ses lambeaux entre trois autres divisions ecclésiastiques de la ville, mais, en dépit de ces démembrements, l'absence d'une *septième* église paroissiale se fait vivement sentir. Il existe, nous n'avons pas besoin de le faire remarquer à nos lecteurs, il existe au sein de cette ville populeuse tout un vaste et riche quartier, où jamais ne parvient le son religeux des cloches, où l'éloignement de l'autel paroissial rend les pratiques journalières, si chères à la piété, bien difficiles, sinon impraticables. Le vieux Lille, si l'on nous permet cette expression, a perdu sa métropole et ne l'a pas recouvrée. Ces rues populeuses, commerçantes, qu'animait autrefois la présence, l'habitation des comtes de Flandre [1], la rue brillante et nouvelle qui remplace un hôtel au nom historique [2], les places, les quais [3], vivifiés par une population si laborieuse et si intéressante,

[1] La rue Saint-Pierre, la place du Concert, etc., etc.

[2] La rue Bartholomée Mazurel.

[3] Une partie du quai de la Basse-Deûle, la place Saint-Martin, la place du Lion-d'Or, etc., etc.

sont privés d'un point de ralliement chrétien, de l'église paroissiale dont le proche et doux voisinage rappelle de si bons souvenirs, et fortifie si souvent la piété, par des visites que la proximité rend plus faciles, et par conséquent plus assidues. Ils sont, il est vrai, attachés à une paroisse, mais elle est bien loin, et la ferveur est souvent bien faible, et les occupations de la vie bien accablantes et bien multipliées! Heureux qui peut trouver, non loin du foyer domestique, cette seconde maison paternelle, ce toit amical, hospitalier toujours, où un Dieu nous attend avec ces consolantes paroles : *Venez à moi, vous qui êtes chargés sous le poids de la fatigue et de la chaleur du jour, et je vous soulagerai!* Il y a, dans l'existence d'une église, au sein d'un quartier populeux, une source de bien moral que les magistrats d'une grande ville ne doivent pas dédaigner.

Se trouvera-t-il dans cette ville de Lille, toujours si accessible aux sentiments élevés, généreux, dans Lille, la ville *des bonnes œuvres*, se trouvera-t-il un nouveau Néhémias qui veuille rétablir la Maison du Seigneur, et doter ses concitoyens de ce temple qu'une révolution, cruelle aux plus nobles souvenirs, leur a brutalement enlevé? Nous le désirons de toute l'ardeur de notre âme; nous envisagerions cette réédification comme un bienfait religieux et public, et nous espérons un peu dans les hommes, beaucoup dans la Providence!

FIN

NOTES

(*A*) « Bauduin, comte de Flandre, surnommé le *pieux*, fit la dédicace de l'église de Saint-Pierre, et pour l'orner et la célébrer avec pompe, il demanda toutes les saintes reliques de ses états, et fit apporter tous les corps des Saints, avec un cortège convenable. On rapporta, de Saint-Omer, le corps de saint Omer et de saint Bertin ; d'Arras, celui de saint Vaast ; de Bergues, celui de saint Winnoc ; de Bruges, celui de saint Donat ; de Gand, celui de saint Bavon ; de Douay, ceux de saint Amé et de saint Mauront ; de Seclin, ceux de saint Piat et de saint Eubert ; de Marchiennes, ceux de sainte Rictrude et de sainte Euséble ; de Cysoing, celui de saint Evrard, et plusieurs autres reliques venant de différents lieux. La consécration du nouveau temple se fit par trois évêques, savoir : l'évêque de Noyon et de Tournay, celui d'Amiens et celui de Térouane, aidés des archidiacres de Cambrai, de Noyon et de Térouane. Parmi les différents princes qui assistèrent à cette fête, il faut citer Philippe, roi des Français, le comte de Flandre, illustre fondateur de cette église, et Bauduin de Mons, son fils aîné. »

(*Buzelin*, *Gallo-Flandria sacra et profana. Lib.* II.)

(*B*) Le Chapitre était composé d'un prevôt, d'un doyen, d'un grand-chantre, d'un trésorier, d'un écolâtre, de quarante chanoines ; le chœur était formé par un grand nombre de musiciens de tous les genres de voix, d'un choix excellent et nommés au concours ; il y avait cinquante chapelains et vicaires, parmi lesquels le Chapitre choisissait un secrétaire et sept professeurs pour le collège.

Le prévôt était à la nomination du roi ; et quoiqu'il fût le chef du Chapitre, les assemblées capitulaires étaient pourtant présidées par le doyen. Les autres dignités étaient à l'élection des chanoines. Les prébendes valaient environ

20

6000 francs par an; et trois ou quatre *obits*, fondés à perpétuité par les comtes de Flandre, rapportaient à chaque chanoine qui y assistait la somme de 120 livres.

Le Chapitre avait également la nomination du curé et des vicaires de la paroisse de Saint-Pierre. Les enfants de chœur étaient au nombre de dix, choisis au concours; les dispositions pour la musique et la beauté de la voix obtenaient la préférence.

Ils avaient pour maître et directeur un chef de musique, prêtre et compositeur, et ils habitaient avec lui une maison située derrière l'église et que l'on nommait *maîtrise*. La surveillance exercée sur ces enfants était vigilante et paternelle; on leur donnait une éducation soignée; ils suivaient les cours du collège et recevaient en outre les leçons d'un répétiteur. Le dernier à qui cette fonction fut confiée se nommait l'abbé Hallez, homme savant et pieux.

(C) CHARTE DE FONDATION

de la Procession instituée en l'honneur de Notre-Dame, et pour l'achèvement de l'église de Saint-Pierre, à Lille.

Nous Margerite, comtesse de Flandre et de Hainaut, et Jehan Guis, ses fius, cuens de Flandres et marchis de Namur, faisons savoir à tous que nous, en l'honneur Diu, Jhu-Chripst et de la glorieuse Viergene Marie sa mère et pour le pourfit de leglize Saint-Pierre de Lille qui fondée est de nos ancisseurs, Signeurs de Flandres, et pour lavanchement de lœuvre qui commenchie est en leglize devant dite, pour lequelle li canonne de chelle mesme eglize de leur rente dont ils doivent vivre se sont moult durement greve et blechie de piécha et font encore cascun jour, avons otroyet et otroyons une pourciession à faire entour le ville de Lille, cascun an par durablement, pas telle voie et par tels lieus que li Rewars et que esquevin de Lille deviseront et ordonneront que on le puist faire plus convignablement, qui doit commenchier par tel jour que notre sires Dius, en l'honneur de sa très chière Mère, a commenchie nouvellement à faire si glorieus miracles devant limage que on appielle Notre-Dame à le Treille, en leglize Saint-Piere devant dite. Chest assavoir, le diemence premier apriès le jour de le Sainte Trinité, et doit durer par ix jours continuens en perpetuel memore des miracles devant dite. Et pour la raison des orisons, des aumoisnes, des biens fais et des œuvres de miséricorde que on y fait et fera en avant en lonneur de Notre Signeur et sa douche Mère par communse devotion, nous avons otroyet et otroyons à tous chiaus et à toutes chelles qui em pelerinage venront à Notre-Dame à Lille dedens les ix jours devans-dis en lonneur de la douche Viergene Marie et pour acquerre les pardons qui assis y sont et seront dedens les ix jours, sauf conduit de nous et de nos gens allant et venant et demorant franquement et paisiblement quil ne seront pris ne arrierte pour debte quil doivent ou pour autre chose darriere faite ou avenue sil ne sont bannis pour laid fait. Et demorer et aler en le ville de Lille et es voes et es chemins par tout dedens les appertenances de Lille si avant que li enclos de la prociession s'estendera. Et se il avenoit que aucun de chiaus ou de chelles qui en pèlerinage venront à Notre-Dame de Lille fust arriertes pour debte ou pour autre choze se chon n'estoit pour vilain fait, dedens les ix jours en lenclos devant dit, a le requeste du Doyen et du capitele de leglize de Saint-Piere de Lille, devant dite nous le ferons delivrer tout quite de tant comme à nous et à notre justiche et a notre droiture apperfenra. En tiesmoignage et ces confrenance de laquelle choze nous avons fait mettre nos saiaus à ches presentes lettres. Et nous li Rewars et li esquevin de la ville de Lille, qui a ches choses devant dites avons mis et metons notre octrot et notre asseur, pour chon que nous volons quelles soient bien et fermement tenues a tous jours de nous et de nos successeurs, de tant comme a nous appartient les loons (*louons*) et grééons (*agréons*) et prometons fermement à tenir. Et pour plus grant seurte de tout chon que devant est dit avons mis no saiel à ces presentes lettres qui furent donnés en lan de l'Incarnation Notre Signeur Jh Crispt. MCCLXIX (1269) au mois de febvrier. (LIVRE DE ROISIN, *page* 281).

(D) GOUVERNEURS DE LILLE.

1296. Adam, sire de Cardonnoy, préposé à la charge de gouverneur par Philippe-le-Bel.
1304. Gilles Hakins.
1323. Pierre du Breucq, chevalier.
1330. Renaud de Choiseul, chevalier, seigneur de Bourbonne.
1337. Ferry Denisy, chevalier.
1338. Godemar de Fay, seigneur de Bonchion.
1340. Pierre de la Pallu, chevalier.
1341. Eustache de Ribermont, chevalier.
1357. Bauduin de Lens, chevalier.
1364. Oudart de Renty, chevalier.
1367. Tristan du Bois, chevalier, seigneur de Famechon.
1373. Jean de Hem, chevalier.
1377. Colart De la Clite, chevalier.
1378. Jean de Menin, chevalier.
1379. Henri de Bevere, chevalier, seigneur de Dixmude.
1380. Gérard De Rassenghien, chevalier, seigneur de Basserode.
1390. Pierre de la Zype, chevalier, seigneur de Denterghem.
1404. Henry de Mortagne, chevalier, seigneur de Linselles.
1414. Jean de Lannoy, chevalier, conseiller de Jean-sans-Peur.

1423. Hugues de Lannoy, chev., seigneur de Santes, conseiller de Bourgogne.
1427. Bauduin de Lannoy, chevalier.
1435. Bauduin d'Oignies, chevalier.
1459. Jean II de Lannoy, chevalier.
1465. Antoine d'Oignies, chevalier.
1467. Jean de Rosimbois, chevalier, seigneur de Fromelles.
1479. Jean de Hames, chevalier.
1484. Jean de Bruges, seigneur de Grunthuse.
1485. Bauduin II De Lannoy, seigneur de Molembois.
1501. Jacques II de Luxembourg, seigneur d'Armentières [1].
1514. Jacques III de Luxembourg, premier comte de Gavre.
1532. Adrien de Croy, comte de Rœulx, chambellan de Charles-Quint.
1554. Jean de Montmorency.
1566. Maximilien de Gand à Vilain, comte d'Isenghien.
1576. François de Montmorency, baron de Wattines.
1578. Hugues de Bournel, seigneur d'Estembecq.
1583. Adrien d'Oignies, seigneur de Willerval.
1584. Philippe de Recourt, baron de Liques.
1593. Don Juan de Robles, seigneur de Santes, etc., etc.
1624. Philippe Lamoral de Gand à Vilain, comte d'Isenghien.
1631. Marie-Alexandre de Bournonville, comte de Hennin-Liétard.
1636. Philippe de Rubempré, comte de Vertigneul.
1640. Eustache de Croy, comte de Rœulx.
1655. Hippolyte-Charles Spinola, comte de Brouay.
1667. Bernardin Gigault, marquis de Bellefonds, maréchal de France.
1677. Louis de Crevant-Humières, grand'maitre de l'artillerie de France.
1695. Louis, duc de Boufflers.
1708. Gunther, prince de Holtensbeck, comte d'Oldenbourg, etc.
1722. Joseph-Marie, duc de Boufflers.
1747. Charles, duc de Boufflers.
1751. Charles, prince de Soubise.

[1] Jacques de Luxembourg était cousin issu-germain de Marie de Luxembourg, châtelaine de Lille, qui, par son mariage avec François de Bourbon-Vendôme, porta la châtellenie de Lille dans la maison de Henri IV.

PAROISSES A LA COLLATION DU CHAPITRE DE SAINT-PIERRE.

Les sept paroisses de Lille, savoir :

Saint-Pierre, Saint-Etienne, Saint-Maurice, Sainte-Catherine, Saint-Sauveur, Sainte-Marie-Madeleine, Saint-André.

Lambersart.	Annapes.
Marquette.	Flers.
Wambrechies.	Quesnoy-sur-Deûle.
Prémesques.	Lompret.
Lomme.	Pérenchies.
Cappinghem.	Verlinghem.
Santes.	Bousbecq.
Sequedin.	Halluin.
Moncheaux.	Neuville-en-Ferrain.
Lesquin.	Roncq.
Ronchin.	

Le Chapitre était patron ou présentateur des chapelles dont le nom suit, et qui se trouvaient sur le territoire de la paroisse de Saint-Maurice :

Notre-Dame de Gloris. — Saint-Nicolas. — Sainte-Marie-Madeleine. — Saint-Maur. — Saint-Laurent. — des *premières messes*. — Notre-Dame des Essais. — Notre-Dame de Salut. — Notre-Dame de Grâces. — Sainte-Marie-Madeleine [1].

PAROISSES DU DIOCÈSE PLACÉES SOUS L'INVOCATION DE SAINT PIERRE.

Douai (une de ses paroisses).	Tressin.
Wazemmes.	Teteghem (près Dunkerque).
Sainghin-en-Weppe.	Merckeghem (Flandre maritime).
Beaucamps.	Saint-Pierre-Brouck (idem).
Ligny.	Pradelles.
Le Mesnil.	Steenbecque.
Santes.	Thiennes.
Tourmignies.	Meteren.
Bourghelles.	Steenvoorde.
Bouvines.	Godewaersvelde.
Mouchin.	Merville.
Ascq.	La Gorgue.
Flers.	Abscon.
Sailly.	Douchy.

[1] Bulletins de la Commission historique du Nord. Travail de M. Derode.

Bouvignies.

Verchain-Maugré.

Hasnon.

Millonfosse.

Maulde.

Les Fayts.

Landrecies.

Solre-le-Château.

Sars-Poterie.

Fourmies.

Saint-Vaast (sur le Honneau).

Hargnies.

Maubeuge.

Le Jolimetz.

Locquignol.

Ruesnes.

Maresches.

Wargnies-le-Petit.

Escaudœuvres.

Bantigny.

Reumont.

Esne.

Haucourt.

Malincourt.

Walincourt.

Marcoing.

Briastre.

Haussy.

Vertain.

Bugnaucourt.

FIN DES NOTES.

TABLE DES MATIÈRES

FIN DE LA TABLE.

Lille, Typ. de L. Lefort. 1849.